家・长・学・校・培・训・教・材

为孩子当好监护人

——帮孩子远离伤害

本书编写组 编

U0812096

西藏人民出版社

图书在版编目(CIP)数据

帮孩子远离伤害/《帮孩子远离伤害》编写组编．
—拉萨：西藏人民出版社，2012.5（2015.11 重印）
ISBN 978-7-223-03398-5

Ⅰ.①帮…　Ⅱ.①帮…　Ⅲ.①儿童教育：安全教育：家庭教育　Ⅳ.①G78

中国版本图书馆 CIP 数据核字（2012）第 052173 号

帮孩子远离伤害
——为孩子当好监护人

作　　者	本书编写组
责任编辑	曾　恒
装帧设计	罗程露
出版发行	西藏人民出版社（拉萨市林廓北路 23 号）　**邮政编码**　850000 北京编辑发行部：100013　北京市东土城路 8 号 林达大厦 A 座 13 层　电话：010-64465295 打击盗版：0891-6930339　13801174584
印　　刷	三河市鑫利来印装有限公司
经　　销	全国新华书店
开　　本	16 开（710×1000）
印　　张	8　**字　　数**　120 千
版　　次	2015 年 11 月第 1 版第 3 次印刷
标准书号	ISBN 978-7-223-03398-5
定　　价	20.00 元

序

孩子是每个家庭的宝贝，是祖国的花朵，更是中华民族的未来和希望。让每一位孩子健康快乐的成长，不仅是父母的职责，也是全社会的责任和义务。

时代在发展，社会在变化，孩子们的成长环境也日益复杂。父母作为孩子的监护人并不只是给孩子提供吃、住、穿，更重要的是对孩子进行监督和保护。监护人不仅要爱护孩子，更要看好孩子——履行好监护的职责。孩子不懂的事情，监护人要教给他们；孩子犯了错误，监护人要耐心地教育指正他们；孩子的行为造成了严重后果，监护人还要承担相应责任。监护人是孩子人身安全的守护神和人生道路上的向导，保护孩子免受伤害，指引他们顺利前行。让孩子远离危险和伤害，健康快乐地成长，是作为孩子监护人的父母和全社会都必须认真考虑的事情。

党和政府高度关心未成年人的成长和教育，中共中央、国务院印发的《国家中长期教育改革和发展规划纲要(2010–2020 年)》，明确要求：要遵循幼儿身心发展规律，坚持科学的保教方法，保障幼儿快乐健康成长。2006 年修订的《中华人民共和国未成年人保护法》指出："父母或者其他监护人应当创造良好、和睦的家庭环境，依法履行对未成年人的监护职责和抚养义务"；"父母或者其他监护人应当关注未成年人的生理、心理状况和行为习惯，以健康的思想、良好的品行和适当的方法教育和影响未成年人，引导未成年人进行有益身心健康的活动"；"父母因外出务工或者其他原因不能履行对未成年人监护职责的，应当委托有监护能力的其他成年人代为监护"；"全社会应当树立尊重、保护、教育未成年人的良好风尚，关心爱护未成年人"。

监护，在许多人的眼中，属法律范畴。其实，它更多是家庭教育的内容，而且是家庭教育中至关重要的部分。现在家庭教育的概念已深入人心，但是很多家长对监护的理解却不到位，不知道如何履行监护人的权利和义务；如何用亲情呵护孩子的成长；如何把严格监护和科学家教融为一体；如何使孩子（被监护对象）远离伤害，远离犯罪，安全、健康、快乐地成长。更有甚者，许多父母在爱的名义下，采取了几乎不受限制的方式来管教孩子，有的视孩子为私有财产，伤害孩子的自尊；有的不尽教养之职，使孩子监管缺失；有的家长甚至严重侵害了孩子的权益。为了帮助更多的家长成为合格的监护人，教育部中国教师发展基金会组织专家编写了《为孩子当好监护人》。相信本书一定能帮助家长更新观念，深刻理解监护的概念和要求，从而采取科学的方法教育、监护子女。

《为孩子当好监护人》编写指导思想明确，贴近生活，注重实用，针对未成年人监护中存在的问题和误区，结合鲜活、生动的案例分析，为家长介绍科学正确的监护方法。是家长教育子女，帮孩子远离伤害的必备读本，也是一本适用于各级各类家长学校普及《未成年人保护法》的普法教材。

最后，谨向参与编写本书的专家、学者、教师以及为本书出版付出辛勤劳动的编辑同志致以崇高的敬意！

目录

CONTENTS

第一章

让/我/们/好/好/关/注/孩/子

——监护人的责任重如泰山

未成年人是家庭的寄托，社会的希望！

让未成年人健康成长，快乐生活，远离伤害，远离犯罪，是每一个未成年人监护人的希望，同时也是监护人的职责！

那么什么是监护和监护人？

谁是未成年人的监护人？

作为未成年人的监护人，你又拥有什么样的权利和义务呢？

监护和监护人

案例 什么是监护和监护人

年仅14岁的小天和小地是一对双胞胎兄弟，几年前，他们的父母在一次交通事故中双双身亡，兄弟俩跟着年迈的爷爷奶奶生活。由于没有父母管教，两个人在学校不好好学习，辍学后，经常跟社会上一些不三不四的小青年来往。

最近，他们因参与盗窃活动，被公安机关收审。但由于兄弟俩年龄还小，被免除刑事责任。公安机关通知他们的监护人来派出所领人。兄弟俩的亲戚众多，可是大家都不知道谁是监护人，也不知道监护是什么。

案例分析

监护是民法中的一项制度，它的内容是为无民事行为能力人和限制民事行为能力人设立保护人，目的是为了保护无民事行为能力人和限制民事行为能力人的人身、财产以及其他一切合法权益，维护正常的经济秩序。

承担监护任务的人叫监护人，本书的监护人是指未满18周岁的未成年人的监护人。但在我国，已满16周岁不满18周岁的未成年人，能以自己的劳动收入为主要生活来源的，视为完全民事行为能力人，他们无需再有监护人。除此之外的未满18周岁的未成年人由于年龄和智力尚未发育成熟，对自己的行为后果缺乏足够的认识和判断能力，不能单独进行与其年龄、智力相适应的民事活动，他们不能进行的民事行为，必须由其法定监护人代为进行或者征得法定监护人同意后进行。监护既是监护人的义务，又是监护人的权利。监护权是监护人对被监护人的人身、财产和其他合法权益进行监督和保护的权利。

监护人应遵循尊重未成年人的人格尊严、适应未成年人身心发育的特点、教育与保护相结合的原则，有效地对未成年人进行身心教育、保护未成年人的合法权益和预防未成年人犯罪，用爱心和责任心使孩子沿着一条安全、健康的成长之路长大成人。

谁是未成年人的监护人

案例 磊磊的监护人该是谁

在东莞打工的晶晶突然接到了一个电话，叫她赶快回家乡，商量弟弟磊磊的抚养事宜。原来，姐弟俩的父母在3年前因公死亡，弟弟一直由年迈的爷爷抚养。前几天爷爷突然去世，家里再无其他的亲人。弟弟还在老家的一所中学上初二。父母单位的领导便给姐姐打了电话。

晶晶匆忙赶回家，见到父母单位领导后表示，自己打工的地方生活条件很差，弟弟如果跟着来东莞，以后的学习和就业可能会很困难。希望帮助选其他人担任弟弟的监护人。那么谁应该是磊磊的监护人呢？

案例分析

我国《民法通则》第十六条对未成年人的监护人的范围，即哪些人可以担任未成年人的监护人做出了明确规定：在一般情况下，父母是未成年人的法定监护人。父母是子女最近的直系长辈亲属，且父母对未成年子女负有管教的义务。这里所说的父母包括亲生父母、养父母、有抚养关系的继父母，即只要存在父母子女身份关系的父母，就是未成年子女的法定监护人。

父母离婚，并不丧失监护的权利，也不能推托监护的义务，也就是说离异的父母依旧是未成年子女的法定监护人。

如果父母已经死亡或无监护能力的，可以由以下人员中有监护能力的人担任：(1) 祖父母、外祖父母；(2) 兄、姐；(3) 关系密切的其他亲属、朋友愿意承担监护责任，经未成年人的父母所在单位或者未成年人住所地的居民委员会、村民委员会同意的。

关于上述人员排列的顺序，是担任监护人的先后顺序。即首先由有监护能力的祖父母、外祖父母担任；当祖父母、外祖父母死亡或无监护能力时，则由有监护能力的兄、姐担任监护人；如果没有兄、姐或兄、姐已经死亡，或者没有监护能力时，则由其他关系密切的亲属和朋友担任。

磊磊在父母去世后，由爷爷抚养，爷爷是他的监护人。在磊磊的爷爷去世后，理应由磊磊成年的姐姐担任监护人，但由于她所处的具体环境不适合磊磊的成长发育，也难以有效地实施监护，因此事实上磊磊的姐姐无监护能力。最后，经过各方协商，并经法院判定，磊磊父母所在的厂工会成为磊磊的监护人。

监护人的权利与义务

案例 学校和社会可以代替监护人吗

李某夫妇在本市开有一家颇有名气的特色饭店，平时两人生意繁忙，对于正在上初中的女儿小宇除了给足生活费和零花钱外，根本谈不上照顾与教育。“家长学校”通知他们去上课，虽然他们听过几次课，但也总是心不在焉，还都提前偷跑了出来。他们总觉得自己不用操心。当小宇因卖淫被少管所管教后，做妈妈的才后悔，怪自己对孩子关爱太少，但为时已晚。

案例分析

像李某夫妇这样的监护人在日常生活中不在少数，特别是一些工作忙的监护人常有这样的想法，将教育与监护未成年人的责任完全推给了学校和社会。

我国法律规定，对未成年人实施四种保护：家庭保护、学校保护、社会保护和司法保护。

国家机关、武装力量、政党、社会团体（包括：共青团、妇联、工会、青联、学联、少先队等）、企业事业组织、城乡基层群众性自治组织、教育机构和其他成年公民都有义务教育和保护未成年人。但是，作为未成年人的监护人，具有不可推卸的监护权利与义务，监护人的责任重于泰山！

我们要对监护人说

未成年人，无论是从身体发育，还是心理成熟方面都需要成人的帮助。学校、社会各有自己的规范领域，在一定的范围内发挥效力，却不能取代监护人的责任。家庭是未成年人成长、社会化的重要环境。监护人要以身作则，用自己的言传身教影响未成年人，引导未成年人走上健康的发展道路。监护人应当警惕未成年人的不良行为，预防和制止未成年人犯罪。监护人应管理和保护被监护人的财产，代理被监护人进行民事活动，在被监护人合法权益受到侵害或者与人发生争议时，代理其进行诉讼。监护人如果不履行法定的监护职责，将承担法律责任。

第二章

换/一/个/视/角/认/识/孩/子

——未成年人的权利不容侵犯

未成年人是我国的合法公民。

他们拥有自己不可侵犯的权利。

未成年人的生命健康、人身自由不容践踏。

未成年人的人格、名誉、荣誉、姓名、肖像权不可忽视。

未成年人的受教育权不能剥夺。

未成年人的隐私、平等参与权不容蔑视。

未成年人的专利、著作、财产权不可侵犯。

作为一名未成年人的合格监护人，不仅需要有足够的爱心，还要明确自己的权利与义务，并了解相关的法律、法规，知道怎样去尽一个监护人的职责。

同时，监护人也要了解未成年人的主要合法权利及法律、法规对未成年人做出的一些特殊规定和要求，在行使监护权利的同时，不侵犯未成年人的合法权利。

生命健康权

案例　孩子是我的，要打要骂随我

刘先生是一位出租车司机，他10岁的儿子就读于某实验小学，学习成绩不是很好。一次，儿子与同学打架，老师请他去学校。刘先生一进办公室的门，见到孩子站在那里，不问情由，上去就是一顿劈头盖脸的扇打，在场的老师拦都拦不住。之后，刘先生还怒气冲冲地说："这不争气的小子，我一看见他就冒火！我前两天刚教训了他的。"

平时在家里，刘先生就经常打骂儿子。有时是因为偷偷看电视、上网，没有完成家庭作业；有时是没有听爸爸妈妈的话。好心的邻居都劝刘先生不要打骂儿子，可是他总是说："孩子是我的，要打要骂随我！"

案例分析

"望子成龙、望女成凤"，父母和其他监护人的心情我们可以理解。"打在孩子的身上，疼在父母的心里"，监护人的矛盾心理我们也能体谅。但是，不管您是觉得"打是亲，骂是爱"，还是"棍棒底下出孝子"，您应该知道未成年人享有生命健康权，任何人不可以践踏！

我国《民法通则》规定：公民享有生命健康权。同时，我国《婚姻法》也规定禁止家庭成员间的虐待。如果打骂孩子的现象经批评教育仍不改正，未成年人可以向法院控告监护人行为。

我们要对监护人说

作为未成年人的监护人应该创造条件防范与保护未成年人的生命与健康权不受侵犯。

监护人对未成年人进行打骂（程度严重者）是直接侵犯未成年人的生命与健康权，重则可能会构成故意伤害、虐待罪。

人身自由权

案例 让他搜，反正我们也没偷

读中学的大刚和妈妈去超市买东西，孩子穿着一件多兜的牛仔裤。出门的时候，超市的保安说文具部丢了一支韩国进口的涂改液，怀疑是大刚拿了，要求他拿出来。大刚和妈妈都十分生气，一口否认。保安强行阻止他们母子二人离开，并提出要搜大刚的身，进行检查！接着就开始翻大刚的裤兜，孩子挣扎着躲避保安的搜查。妈妈却说："让他搜，反正我们也没偷！"

案例分析

未成年人享有人身自由权，禁止非法拘禁、剥夺或限制未成年人的人身自由。

超市的保安是没有权利对任何一个顾客进行搜身检查的，对于未成年人也是如此。大刚的母亲非但没有坚决保护大刚的人身自由，还主动要保安来搜身，是缺乏法律意识的表现。

我们要对监护人说

监护人应建立自己的法制意识，除首先保证自己不侵犯未成年人的人身自由权外，更应当保障未成年人的人身自由权不受其他人或组织的侵害。特别是对于女孩子，监护人一定要使她们确立只有父母和医生才能接触她们的身体的意识。

人格权、名誉权、荣誉权

案例 孩子受点冤枉无足轻重吗

12 岁的小胖曾经在几年前偷拿家里的钱玩电子游戏，爸爸妈妈给他讲道理后，小胖已经认识到不对了。可是，过了几天，妈妈回家发现书桌上的100元钱又不见了，就一口咬定是小胖拿的。她不但不听小胖的申辩，还骂小胖“狗改不了吃屎，长大了总会是个小偷。”小胖觉得很委屈，带着满脸泪痕躺在了床上。

晚上爸爸回家，说是自己拿了桌上的钱。妈妈虽然知道自己冤枉了小胖，可觉得即使家长错怪了孩子也没什么了不起，并不觉得应该道歉。反而振振有词地说：“孩子受点委屈无足轻重，过两天也许就忘了！”

案例分析

未成年人享有人格权、名誉权和荣誉权，他们需要得到成年人在人格上的尊重。

未成年人的受挫能力较弱，他们的自尊心尤其需要得到保护。对未成年人不正确的评价很容易使未成年人对社会、对人生产生失望、悲观、逆反的心理，严重的会影响他们身心的健康发育。

我国《宪法》和《民法通则》都明确规定，公民的人格尊严受保护，禁止用侮辱等行为损害公民的名誉。造成了不好的影响，构成侮辱诽谤罪的还要受到法律的制裁。

我们要对监护人说

未成年人的人格、名誉、荣誉、姓名、肖像权需要得到尊重！

监护人不能出于自己的主观判断，不顾事实，随意地认定某件事是未成年人所为，给未成年人扣帽子，起侮辱性的绰号。

监护人偶尔错怪未成年人应及时赔礼道歉，消除给未成年人造成的不良影响，弥补自己的过失。

受教育权

案例　女孩子早晚要嫁人，不用上学了

阿美今年13岁，就要到镇上读初中了。正当她兴冲冲地准备自己的学习用具时，父亲却告诉她：“女孩子早晚要嫁人的，不用上学。”

阿美就此求助于当地的妇联。街妇联工作人员上门劝说阿美的父亲，并向其讲解了我国有关未成年人接受义务教育的法律法规。新学期开始的时候，阿美终于高高兴兴地背着书包，走进了课堂！

案例分析

公民的受教育权是写入我国宪法的。

未成年人享有接受九年义务教育的权利。未成年人的受教育权不因其所信仰的宗教、民族和性别的不同而有所差异。

我们要对监护人说

监护人应该保障未成年人的受教育权得到实现，使未成年人在规定的时间入学，接受规定年限的义务教育。

没有法定事由，不得剥夺未成年人的受教育权，特别需要强调的是不能歧视女童，剥夺女童的受教育权。

隐私权

案例　孩子的信件和日记，我偷偷看看没关系

一天，小宁的妈妈来到学校，向孩子的班主任诉苦说：自从小宁上了初二，老是跟自己对着干。让她做什么，她虽然会做，但总是一副极不情愿的样子。最近，我发现她特别爱臭美，老是在镜子前晃来晃去，今天梳个这样的发型，明天换个那样的衣服。所以我就怕她不安心学习，怀疑她是不是有什么不好的想法。趁她睡觉后，我就偷偷翻了她的书包，找她的日记本和信件看，结果也没看出什么。哪想到，第二天，她放学回来就说我偷看了她的日记和信件，说她的日记本都做了记号，只要有人翻，她就知道。我想，当妈妈的看看孩子的日记和信件也没什么呀！我这样不是关心她吗，也没错啊！

案例分析

未成年人是享有通信自由和通信秘密权的。

对未成年人的信件，除因追查犯罪的需要由公安或检察机关依法进行检查，或对无行为能力的未成年人（10 岁以下）的信件，由其父母或其他监护人代拆外，未经未成年人本人同意，任何组织和个人（包括家长和老师）不得私拆、截留、隐匿、毁弃未成年人的信件。

我们要对监护人说

监护人若想了解未成年人的思想与活动，应采用积极的沟通方式，建立相互的信任与理解，让未成年人主动地展示他们的信件与日记。

偷拆偷看未成年人的信件，会引起未成年人极大的逆反心理，造成监护人与未成年人之间更大的冲突与更深的代沟。

姓名权

案例 孩子随父姓还是随母姓

小兰的父母离婚后，她跟妈妈生活。小兰的妈妈希望孩子跟随自己的姓，便和 12 岁的小兰商量，小兰同意了。可是小兰的爸爸听说此事，十分生气，坚决不同意，并以此为由拒付小兰的抚养费。

案例分析

我国《婚姻法》规定：“子女可以随父姓，也可以随母姓。”在父母的婚姻关系存续期间，未成年子女的姓由父母解决。当父母离婚时，对子女的姓氏发生争执，根据有关法律，父母子女关系不因离婚而消除，离婚后，子女无论由父方或母方抚养，都仍是双方的子女，所以处理姓氏问题，应分两种情况：一是当子女年幼时，由父母双方通过协商达成协议，变更原来的姓氏或坚持原来的不变；二是协商不成，等子女长大后，能充分表达自己的意愿时，自行决定。

随父姓或随母姓，这是国家赋予子女的一项重要的人身权利。上例中小兰已经可以表达自己的意愿，如果其考虑充分，可以决定随母亲姓，但要在户籍机关登记，小兰的父亲应该尊重孩子的选择，不能以此为由拒付抚养费。

姓名权是我国每个公民的一项重要人身权利，任何人都有权决定、使用、改变自己的姓名。当然，由于未成年人还小，所以由父母给子女起了名字，这也是父母的一项权利。如果未成年人对自己的名字不满意，可以等自己长大后再修改，那时，父母也是不能干涉子女行使这项权利的。

此外，凡干涉、滥用、盗用公民姓名的，都构成侵权行为，情节严重的，还要受到法律的追究。如果未成年人或未成年人的监护人知道是谁冒用诋毁未成年人的姓名，可以义正词严地制止他的这种行为，指出诽谤和冒用他人姓名的行为都是违法的，要求他停止这些行为并道歉；造成了严重后果的，还可以向法院提出侵权诉讼，由法院处理他的违法行为。

肖像权

案例　未经同意挂了孩子的艺术照

小华过12岁生日时，在父母的陪同下，去本市最有名的“圆梦”影楼，拍了五张艺术照，形象气质出奇得好，她对拍摄效果很满意。半年后，小华路过“圆梦”影楼，无意中发现，橱窗里正挂着自己那次拍的艺术照中最漂亮的一张，她回家得意洋洋地告诉了父母。小华的父母立即向影楼提出交涉。

案例分析

未经本人同意，照相馆是不能随意把顾客的照片放在橱窗里展示的。肖像权是公民专属的人身权，未经公民的同意，任何人不得以营利为目的使用公民的肖像。

照相馆把顾客的照片放在橱窗里，一方面是因为照得好，有艺术欣赏价值；另一方面，照相馆也是想借此宣传，提高自己的知名度，增加生意，这就明显带有营利的目的。事实上，影楼已经侵犯了小华的肖像权。

所以，如果小华和其父母不同意照相馆使用相片，就可以要求他们立即停止照片的展示，如果他们不听，未成年人的监护人可以去法院控告影楼侵犯了未成年人的肖像权。如果同意影楼使用照片，可以向影楼要求合理的使用报酬。

平等参与权

案例　孩子还小，这事由我做主了

玲玲今年初中毕业，某艺校来学校招生，玲玲的二胡独奏在区里的比赛中获过一等奖，艺校的老师想录取玲玲，可是玲玲想报考高中，将来上音乐学院。老师将这一情况告诉了玲玲的妈妈，玲玲的妈妈认为这对于玲玲是个好机会，就满口答应，并代玲玲填写了报名表。玲玲坚决不同意，但玲玲妈妈对招生的老师说：“孩子还小，这事由我做主了！”

案例分析

未成年人还没有完全发育成熟，对于一些事情缺乏足够的判断力，作为监护人有权利根据未成年人的利益帮助未成年人做出选择，但是未成年人拥有关于自身发展重大事件的平等参与权。

我们要对监护人说

未成年人有他们自己独立的思维与见解，他们对于自己的命运同样有着决定权。对于10周岁以上的未成年人，监护人应与未成年人协商决定有关未成年人自己的事情。良好的沟通，更易协调监护人与未成年人之间的关系，有利于未成年人健康的成长。

孩子的财产权不可侵犯

案例1 孩子那么小，他的钱还不就是我的钱

小宏9岁那年，父母因病先后去世。小宏的父母死后给小宏留有遗产10万余元，由于小宏的祖父母和外祖父母均已去世，在小宏的亲属中，适合且愿意担任他的监护人的只有一个叔叔，所以有关组织就指定小宏的叔叔做了他的监护人。小宏还有一位舅舅在外地工作，在小宏父母死后的第二年，调回原籍工作。

不久，舅舅发现小宏的叔叔动用了小宏从父母那儿继承的10万元钱，拿了7万元钱做生意去了。舅舅认为小宏父母留下的钱只用于小宏的生活和教育，因此提出小宏的叔叔应该把拿出去的7万元钱归还给小宏。小宏的叔叔却争辩说："小宏那么小，又不懂得花钱，再说，我是小宏的监护人，他的钱不就是我的钱嘛！我当然不用归还了。"舅舅和叔叔相持不下，就上诉法庭。

我们要对监护人说

未成年人有没有财产权利?

财产权，是指具有物质财富内容、直接和经济利益相联系的民事权利。它包

括物权、债权、继承权以及知识产权中的财产权利等。

那么，未成年人能否享有财产权利呢?

依据我国民法的有关规定，公民的民事权利能力是公民取得具体民事权利的前提或基础。所谓公民的民事权利能力，是指公民享有民事权利、承担民事义务的资格。《民法通则》第九条规定:“公民从出生时起到死亡时止，具有民事权利能力，依法享有民事权利，承担民事义务。”第十条又规定:“公民的民事权利能力一律平等。”因此，未成年人具有民事权利能力，依法可以享有某些财产权利。这是毋庸置疑的。作为孩子的监护人，务必明确这一点，不能随意侵犯未成年人的财产权。

然而，在我国，公民有了民事权利能力，只是有了享有民事权利的可能，公民要实际享有具体的民事权利，还必须同时具备民事行为能力。

那么，未成年人是否具有民事行为能力呢?

依据我国法律规定，16 周岁以上不满 18 周岁的未成年人，以自己的劳动收入为主要生活来源的，视为完全民事行为能力人; 10 周岁以上的未成年人，是限制民事行为能力人; 不满 10 周岁的未成年人是无民事行为能力人。

具有完全民事行为能力的未成年人，能独立进行民事活动，享受民事权利，承担民事义务。限制民事行为能力的未成年人，可以进行与他的年龄，智力相适应的民事活动，只有这样，才能受到法律的承认和保护; 限制民事行为能力的未成年人的其他民事活动，由他们的法定代理人代理进行，或者征得他们法定代理人的同意后自己进行。无民事行为能力的未成年人，一般由他们法定代理人代为进行民事活动。但无民事行为能力的未成年人接受奖励、赠与、报酬、赔偿费或者进行其他对本人有利而不损害他人权益的行为时，法律予以保护。

综上所述，未成年人依法享有平等的财产权。但由于民事行为能力的限制，未成年人的一些财产活动需要监护人代理进行，比如代理未成年人保管财产等，但是这并不等于监护人可以取代未成年人的财产权，更不能随便侵害未成年人的财产权。未成年人所有的财产权，都应该受到法律的保护。

未成年人既然依法享有财产权，那么他们具体享有哪些财产权呢?

因为我国公民的民事权利能力一律平等，所以未成年人可以享有的财产权利的范围应与成年人相同，主要包括: 财产所有权、继承权、受赠权和知识产权中的一些财产权利。

未成年人的财产所有权

财产所有权: 指未成年人依法对自己的财产享有占有、使用、收益和处分的权利。

案例2 监护人不得侵犯未成年人的财产所有权

张先生的儿子今年13岁，前几年，张先生做买卖赚了一大笔钱。他当时觉得手头有富余的资金，就想提前给孩子做一些长远的打算，于是买了一套120平米的房子，登记在儿子的名下。

今年2月，张先生周转资金时，需要用钱，可又无法在短时间内凑齐这么多钱，就想用这套房子进行抵押贷款。但当张先生到银行咨询时却碰了壁。银行工作人员表示，为了投资，使用未成年子女房产做抵押的行为，是违反法律规定的，可能会导致抵押合同无效，所以银行无法提供贷款。

案例分析

根据我国民法有关规定，未成年人享有平等的财产权，其中就包括财产所有权。《民法通则》第十八条规定:“监护人应当履行监护职责，保护被监护人的人身、财产及其他合法权益，除为被监护人的利益外，不得处理被监护人的财产”。

房屋权属证书是权利人依法拥有房屋所有权并对房屋行使占有、使用、收益和处分权利的唯一合法凭证。以未成年人名义购房，且房产证上的名字是未成年人的，其产权人也只能属于该未成年人。父母虽然是子女的法定监护人，但除非是为了被监护人的利益，否则父母不得处理被监护人的财产。

何为被监护人的利益？举例来说，未成年人出现重大疾病需要治疗时，父母可以出售房产，但所得款项必须全部用于未成年人。否则，日后子女一旦提出异议，认为父母侵犯了其合法权益，父母还要承担赔偿责任。因此，张先生为儿子购房并登记在儿子名下，房子的所有权就属于儿子，张先生虽为其监护人，但无权再行出售、抵押，除非为了被监护人的利益。所以张先生还需要想想其他途径解决问题。

未成年人的继承权

未成年人的继承权是指未成年人依法享有的、能够无偿取得死亡公民遗留的个人合法财产的权利。

案例 爸爸去世，孩子怎样行使继承权

萌萌上小学三年级了，她爸爸于今年6月份不幸因车祸去世，留下一间工厂及数套房产。结果妈妈与奶奶家的人，因遗产问题产生纠纷。现在萌萌的妈妈很担心，自己的女儿能否顺利继承父亲的遗产。

案例分析

我国继承法第六条规定："无行为能力人的继承权、受遗赠权，由他的法定代理人代为行使。""限制行为能力人的继承权、受遗赠权，由他的法定代理人代为行使，或者征得法定代理人同意行使。"

法定代理，指由于法律上的直接规定而产生代理权的代理行为。

对于无行为能力的未成年人和限制行为能力的未成年人，他们的监护人为其法定代理人。因此，未成年人依法享有平等的财产继承权，并且，关于继承权的行使，对于无行为能力的未成年人，应当由他们的父母或监护人代为行使；对于限制行为能力的未成年人，既可以由他们的父母、监护人代为行使，也可以在征得父母、监护人同意后自己去行使。

未成年人的受赠权

未成年人的受赠权即接受别人赠与财物的权利。

案例 亲戚赠与子女的财产能否作为父母的共同财产分割

林某与鲍某生有一子，去年2月在其子过15岁生日时，在香港的亲戚送给他一台电脑。最近，林某与鲍某离婚，儿子由父亲林某抚养。因工作需要，在分割财产时，鲍某提出将电脑作为夫妻共同财产予以分割，要求将电脑判归自己所有，同意将与电脑价值相当的其他财产分给林某作为补偿。

案例分析

根据前面介绍的一些相关法律的规定，未成年子女作为家庭的一员应依法享有自己的合法财产权益，包括财产所有权、继承权、受赠权以及知识产权中的一些财产权利。父母作为未成年子女法定代理人有权对未成年子女的财产进行监管，但不能因此侵犯未成年子女的财产所有权。

据此，林某和鲍某的儿子从亲戚那里获得的电脑属于他自己的财产，依法享有对这台电脑的所有权，作为其监护人的父母不能将之作为夫妻的共有财产，并加以分割。儿子归男方林某抚养，电脑也应由林某代为儿子保管，归儿子使用。

因此，鲍某提出将亲戚赠与儿子的电脑作为夫妻共同财产予以分割的要求是不妥当的。

未成年人知识产权中的财产权利

未成年人知识产权中的财产权利，主要是著作权、专利权中的财产权利。

案例 15岁孩子发表作品是否应该被付稿费

小亮15岁，是个爱看书、爱思考、爱动笔，又很懂事的孩子。他最喜欢童话，平时也经常写些小童话，经常受到老师的表扬。最近家里要装修，资金有点紧张，小亮把自己的作品收集起来，编成了一本童话集，希望发表，把挣来的稿费给爸爸妈妈装修房子用。没想到，这本小书竟然很快就出版了，小亮非常高兴，每天都盼着赶快收到稿费。结果，小亮等了一年都没有等到。小亮非常伤心，让爸爸妈妈帮助他。小亮的爸爸妈妈该怎么办呢？

案例分析

我国《未成年人保护法》明确规定："国家依法保护未成年人的智力成果不受侵犯。"我国《民法通则》规定："公民、法人享有著作版权，依法有署名、发表、出版、获得报酬的权利。""公民对自己的发现享有发现权。""发现人有权申请领取发现证书、奖金或者其他奖励。"我国的《著作权法》和《专利法》也有类似的规定。

因此，本案中，小亮发表作品，就应该对自己的作品享有合法的著作权，并从中获得报酬。出版社显然已经侵犯了小亮的著作权，并且侵犯了著作权中的财产权。小亮的父母应该为孩子争取合法的著作权和其中的财产权。如果出版社赖帐，就应该诉诸法律来维护孩子的权利。

我们要对监护人说

监护人应该摒弃未成年人没有财产权的错误观念。财产权是未成年人神圣不可侵犯的权利。未成年人依法享有财产所有权、继承权、受赠权，以及知识产权中的财产权利。

监护人可以作为未成年人的法定代理人，代管孩子的财产，或者代理孩子从事有关财产权利的活动，但是孩子的财产权不是监护人的财产权。监护人应该保护未成年人财产权利不受侵犯，而不应该漠视他们的财产权，更不应该侵犯他们的财产权。

第三章

让/亲/情/呵/护/孩/子/成/长

——监护人的责任不容推卸

亲情，最温暖的阳光，照耀孩子茁壮成长；

亲情，最动人的音符，演绎父母与孩子间平淡而感人至深的乐章；

亲情，就是用爱心与宽容帮助孩子健康发展，而不是暴力和斥责；

亲情，就是没有偏狭地对待孩子，而不是歧视；

亲情，就是全身心的爱与付出，做到抚育孩子应该做的每一件事情；

亲情，就是权利；

亲情，更是义务；

亲情，永远说不完的故事……

监护人不得放弃抚养未成年人

对子女的养育，既是作为未成年人监护人的父母享有的基本权利，更是应该尽的基本义务。孩子从出生起，具备监护能力的父母就应该承担起抚养和教育的责任，而不能因为经济条件差、生活困难、孩子先天有病、孩子不是自己想要的、夫妻离异或者其他理由遗弃孩子。否则，就会构成遗弃罪。

遗弃罪是指对年老、年幼、患病或者其他没有独立生活能力的人，负有扶养义务而拒绝扶养，情节恶劣的行为。

案例 10岁男孩被遗弃，多亏民警解救

小岩今年10岁了，父母在他三岁时离婚，因为他天生反应慢，再加之父母均再婚，另组了家庭，都不想要他。小岩一直跟着奶奶生活。今年奶奶去世了，大伯就将他带到火车站，丢下他不再管了。

警方几经周折，最后找到了他的父亲，并责令他将孩子领回去。

案例分析

根据《民法通则》第十六条规定：“未成年人的父母是未成年人的监护人。”因此，父母系未成人的法定监护人，享有对未成年子女进行监护的权利和义务。这种监护的义务是基于亲子关系而产生，不因父母的离婚而消失。因此，父母离婚后，子女随一方生活，另一方并不因此丧失对未成年子女进行监护的权利和义务。因此，本案中，男孩小岩的父母故意逃避监护的责任，置孩子于不顾，构成了遗弃罪。作为孩子的监护人，他们不仅缺乏基本的法律常识，更是丧失了父母对孩子的基本的良心。

像这样故意遗弃未成年子女的案例，在当前社会下，并不罕见，尤其是在法律意识和观念相对落后的偏远地区，这种现象更多见一些。至于遗弃的原因，主要原因是家长不想要女孩、孩子有病无力救治、离婚夫妇嫌孩子是累赘、家庭经济条件困难无力养活等等，但所有这些原因，都不能构成有能力抚养未成年人的监护人遗弃孩子的合法的理由。因此，基于以上原因遗弃未成年人的监护人，都

违反了法律，情节严重的都将构成遗弃罪。

我们要对监护人说

遗弃，不仅是对社会责任的逃避。遗弃，更是对下一代健康成长的不负责。社会不容忍。法律更要制裁！

监护人绝不能以任何理由遗弃未成年人！

监护人不得虐待未成年人

作为监护人，你是不是已经不知不觉地对孩子进行了身体虐待？

俗话说：“棍棒底下出孝子。”

俗话又说：“打是亲，骂是爱。”

俗话还说：“孩子是我生的，我怎么管都可以”……

当中国的监护人依然秉持着这些传统的教育和对待孩子的观念的时候，今天的时代已经开始对他们说“不”！

一切对待未成年人的打骂、冻饿、捆绑、关禁闭限制自由、强迫干重活、有病不给治，或者其他惩罚行为，即使动机是为了孩子好，是为了教育孩子，也都是违法的行为。情节严重的，甚至可以构成犯罪。虐待罪即经常以打骂、冻饿、捆绑、限制自由、强迫干重活、有病不给治等手段，对家庭成员进行肉体上、精神上的摧残折磨等情节恶劣的行为。

案例 孩子因成绩不好，经常被父母打骂和冻饿

某小学五年级学生小秦，平时贪玩好动，成绩一般。而小秦的父亲却对儿子寄予了殷切的希望。小秦的表现总是不能让父亲满意，因此经常遭父亲的打骂。不仅如此，小秦还经常被罚挨饿。曾经有几次，秦父为惩罚儿子，竟然让小秦身穿单衣站在冰天雪地之中持续 3 小时以上。由于长期的身体伤害，以及心理上的紧张和恐慌，2012 年初小秦开始生病，秦父认为是小孩子装病，迟迟不给治疗，直到当年 4 月，小秦的病情出现危急情况时，才被送到医院。

案例分析

本案中，秦父望子成龙，希望自己的孩子能够出人头地，成就一番事业，这是当今很多家长共同的期望和心态。而孩子小秦贪玩好动，不能达到父亲的要求，这也是古来有之的普遍现象。那么，如何解决父母与孩子之间的这种冲突？

很多家长就像秦父一样，采取了打骂，让孩子挨饿挨冻的惩罚行为。而且，作为孩子监护人的家长，他们都会理直气壮地说："我是为了孩子好！我没有错！"然而，正是这样的观念和行为，才是真正的错误！秦父的行为，完全具备虐待罪的特征。

比身体虐待更可怕的精神虐待

以上所举的案例，主要是监护人对未成年人施加的身体虐待。

让我们再来看下面这个案例。

案例 父母给孩子施压，造成孩子精神失常

小莉是一个非常内向的孩子，学习很自觉，但爸爸妈妈总对她的学习不满意，写作业的时候，犯一个小错误，就被爸妈骂为笨蛋。有一次，小莉考了全班第二名，兴致勃勃地拿着成绩单回家告诉爸爸妈妈，当时邻居小强的父母也在，小莉的爸爸拿来成绩单，看到数学考了85分，于是就当着邻居的面讥讽她是个笨蛋。小莉伤心地呜咽起来，她不知道父母为什么那样对她。

平时，小莉的父母还经常用各种方式给她施加压力，比如采用警告、恐吓、揭短、讽刺等方式来治服、"教育"小莉，小莉痛苦极了，以至于小莉经常自己一个人默默无语，也不爱跟父母说话，一回家就躲到自己的屋子里去，时间长了，变得傻乎乎的，学习成绩也渐渐不好了，后来，父母带她去看病，但那时候小莉已经有点精神失常了……

案例分析

这则案例是一个典型的精神虐待案例，小莉的父母由于对孩子的期望过高，希望小莉的学习成绩一直优秀，甚至是最好的，但由于期望过于强烈，方式过

于简单粗暴，以至于无形中给孩子造成了严重的心理创伤，已经构成对小莉的精神虐待。这个案例虽然比较极端和典型，但是现实生活中类似的事情是很多的。

事实上，监护人对未成年人的虐待主要有四个方面：一是身体虐待，二是精神虐待，三是情感虐待，四是性虐待。但它们特别表现在对儿童的精神虐待以及对他们的身体虐待。因此这里还要特别讨论一下对未成年人的精神虐待。

精神上的虐待，可以是纯粹的精神虐待，也可以是由于身体虐待而造成的精神虐待。

监护人对未成年人的精神虐待首先表现在教育方面。如今，家长对孩子的学习非常苛求：从幼儿园起，家长就要求自己的孩子在班内是学习成绩最好的，直到考上名牌重点大学，出人头地，弥补家长没有实现的夙愿。

望子成龙固然可以理解，但是这些苛求会转而成为孩子幼小心灵的沉重压力，束缚他们个性的自由发展，这种精神伤害，有时候会比单纯的打骂导致的身体伤害对孩子产生更糟糕的影响，因为它戕害的是孩子的心灵和希望！

其次，有些监护人对未成年人的日常生活总是进行严格的管制，限制他们的活动自由，这样，长期以来就会造成孩子性格孤僻、自闭，不愿与人交往。这种精神伤害对于监护人来说，也是应该杜绝的。

身体虐待会影响孩子身体的健康发育和成长，而精神虐待的后果更要严重得多！

首先，精神虐待会严重影响孩子心理的健康成长。精神虐待，特别是对孩子过高的教育期望、在孩子面前过度地强调以及为了让孩子实现这些期望而采取的各种强迫的措施，会让孩子的弱小心灵被迫承受超负荷、超年龄的压力，如果得不到适当解脱和缓解，久而久之，就会产生心理畸形以及各种心理障碍，惶惶不可终日、过度紧张；行为障碍、孤独自闭、畏缩害怕；自暴自弃、学习失败；悲观厌世、总想自杀。孩子本来应该绽放的心灵花朵，就这样被父母无意识的精神虐待无情地戕害了！

不仅如此，精神虐待更严重的后果就是导致孩子不良行为的产生，为青少年犯罪提供了先期条件。虐待本身是一种暴力的行为，对此，一方面会让弱小的未成年人畏惧紧张，另一方面，又会激起孩子的逆反心理，诱使他们模仿，并走向反抗。

因此，监护人绝对不能对未成年人进行精神虐待！

我们要对监护人说

无论是身体虐待，还是精神虐待，都是违法的行为，不仅无法真正实现监护人的管教目的，而且，严重地损害了未成年人身体和心理的健康。所有现实都向我们的监护人一向认为合理的教养方式提出了挑战；所有案例严酷和悲惨的后果都向我们一再昭示：

孩子不是监护人的私有财产，不能随意处置。棍棒未必出孝子。“打是疼，骂是爱”，但是打骂未必真的有效。过高的期望会给孩子造成沉重的心理压力。过高的苛求就是对孩子的精神虐待。

限制孩子的自由空间，其效果只会与预期的相反。监护人对被监护人施加的任何身体虐待和精神虐待都是违法的行为。

谁都希望自己的孩子更精彩，谁都对自己的孩子寄予了殷切的期望。但是，换一种方式表达您对孩子的关爱和期望吧！

一个宽慰的微笑；一下深情的抚摸；一个关爱的拥抱；一句温暖的鼓励；一次交心的谈话；再加上您对孩子永远无私的宽容、耐心和亲情，您一定可以领略您孩子真正的精彩！

监护人不得歧视未成年人

人人生而平等。家庭中的每一个孩子都是平等的，不应该因为性别、年龄、智商、健康状况等先天条件而受到不公正的待遇。这是监护人应该明确的基本观念。

然而，现实并非如此。

案例 只因是女孩就被歧视

刘某夫妇一向重男轻女。无奈第一个孩子就是女孩，非常不悦，孩子很小的时候就不用心照顾，得病也不及时治疗。两年后，该夫妇终于生了一个儿子，夫妇便把全部的力量和关爱都放在了这个小弟弟身上。总把剩饭剩菜给姐姐吃，重活都让姐姐干，姐姐穿得破破烂烂，还经常挨打挨骂。上学的年龄到了，夫妇却以家里没钱为由不让姐姐上学，而把弟弟送到了学校。

案例分析

这是一起典型的性别歧视案例。在我国长期的封建社会中，妇女的地位很低，“女儿不如儿子”，“女儿是为别人养的”，“嫁出的女儿是泼出去的水”，“女孩子早晚要嫁人，能烧水做饭、生儿育女就行了，念不念书没关系”，这些都是带有性别歧视的错误观念。这种重男轻女的思想至今还存在于一些人的头脑中，特别是一些边远的山区农村，女孩子在家中备受歧视，命运悲惨，被剥夺了正常的成长的条件和机会。作为未成年子女的监护人，一定要摒弃这种错误观念，公平对待每一个未成年人。

现实中，不仅是女孩会受到歧视，残疾人受到监护人歧视的情况也时有发生。

我们要对监护人说

我国《未成年人保护法》中明确规定："不得歧视女性未成年人和残疾未成年人。"也就是说，女孩子和男孩子是平等的，残疾孩子和健全孩子是平等的，谁也不许歧视他们，更不允许侵害他们的权益。任何因为性别、年龄、智商、健康状况等因素，歧视未成年人的行为都是违法的。作为他们的监护人，我们应该全身心付出，用爱心细心抚育他们成长。

监护人不得放弃对未成年人的管教

监护人对未成年子女管教过多、限制其行为的自由，或者管教过甚、经常施以打骂、虐待，都是违反监护人职责和义务规定的。而现实中，还有一种情况就是，监护人对未成年人疏于管教、不管不问、漠不关心。这也是法律所不允许的。

案例 "养不教"父母犯法吗

强强都12岁了，但他的父母整天忙于生意场上的事，很少过问他的学习和生活。由于在家里得不到父母的关心，他就跟社会上的一帮小青年厮混在一起，整天不回家，后来竟参与盗窃活动。公安机关破获了这个盗窃团伙。由于强强年幼，未追究其法律责任。之后，公安人员找到了强强的父母，依法对他们进行训诫，并责令他们对强强严加管教。但强强的父母却说跟自己没有关系，公安人员的训诫是没有依据的。

案例分析

我国《未成年人保护法》规定："监护人对未成年人不得放任不管，不得迫使其离家出走，放弃监护职责。""未成年人离家出走的，监护人应当及时查找，或向公安机关请求帮助。"

《预防未成年人犯罪法》第四十九条规定："未成年人的父母或者其他监护人不履行监护职责，放任未成年人有本法规规定的不良行为或者严重不良行为，由公安机关对未成年人的父母或者其他监护人予以训诫，责令其严加管教。”

因此，本案中，公安人员对强强的父母训诫是有法律依据的，任何漠视、疏忽未成年人，不管不问的行为都是违法的。“养不教”也犯法。

我们要对监护人说

对于未成年人的培养，绝对不是“树大自然直”。作为未成年人的监护人，我们始终应该铭记“子不教，父母之过”。监护人不得让不满 16 周岁的未成年人脱离监护人单独居住。

对未成年人的监护，除了最基本的抚养，满足其吃、穿、住、行基本需求外，更重要的是要肩负起对孩子的管理和教育，这是监护人必须履行的基本职责。

对孩子的管教，从一点一滴做起，用心去关怀，用心去呵护……

监护人不得让未成年人做工

案例　把孩子送到亲戚那里帮工有什么错

15 岁的晓青初中毕业没考上高中。晓青的叔叔开了家餐饮服务中心，生意不错，正好缺人手，叔叔向晓青父母提出让晓青去店里做帮工，一个月给 800 块钱。晓青的父母考虑到家里经济条件不是很好，也无心再送她继续读书，于是就很爽快地答应了晓青叔叔的要求。

但晓青还一心想继续念书，不愿意去叔叔那里做工赚钱，结果招来了父母的一顿痛骂。晓青四处寻找帮助，后来得知国家法律规定禁止雇用未满 16 周岁的未成年人，于是就找到当地劳动部门投诉父母和叔叔的行为。

劳动部门经过核查，找到晓青的父母和叔叔，告诉他们晓青还属于未成年人，不符合劳动法对用人条件的规定，因此，叔叔雇佣晓青的行为是违法的，并且，小青的父母强迫孩子去做工，也是违反未成年人保护法规定的，作为晓青的监护人，父母无权将未成年子女送去做工赚钱。

案例分析

我国《劳动法》第十五条规定：“禁止用人单位（含个体经济组织）招用未满 16 周岁的未成年人。”《未成年人保护法》第二十八条和第四十九条也有规定：

“对非法招用不满16周岁的未成年人，由劳动部门责令改正，处以罚款，情节严重的由工商行政管理部门吊销营业执照。”

国务院2002年9月发布的《禁止使用童工的规定》中第二条规定:“国家机关、社会团体 、企业事业单位、民办非企业单位或者个体工商户（以下统称用人单位）均不得招用不满16周岁的未成年人（招用不满16周岁的未成年人，以下统称使用童工）。”根据这些法律的规定，本案中，晓青15岁，属于未成年人，在叔叔的餐饮店里干活，叔叔每个月给发工资，这就在晓青和叔叔之间形成了雇佣关系，所以叔叔的行为属于雇用童工。而晓青的父母作为监护人，应该保护孩子，禁止自己的孩子被他人雇佣，反而强迫晓青去做工赚钱，这已经触犯了法律。

所以，对于晓青的父母和叔叔，都应该根据有关规定进行处罚。

我们要对监护人说

未成年人不是监护人赚钱的机器。

未成年人不满16岁，监护人不得以任何理由强迫其做工挣钱。

父母离婚后子女的监护权

夫妻离婚，孩子的监护问题怎么解决?

孩子判给了一方，另一方对孩子还有监护权吗?

孩子闯了祸，忽然间找到你，但是孩子已经判给了另一方，你该怎么办?

……

离婚，是一个痛苦的话题，是夫妻双方的痛苦，更是孩子的痛苦……但是，对未成年子女的监护问题，我们却不能逃脱和回避，因为，孩子的健康成长，是我们人类社会永恒的主题。父母的离异，对于孩子幼小的心灵，本身就是一种莫大的创伤，我们不能容忍这种伤害更加恶化!

因此，作为监护人，我们一定要明确离异的监护人双方对未成年子女的监护问题。

案例 离婚后，不照看孩子的一方应付多少抚养费

丁某与李某结婚5年，婚后生一男孩，现已5岁，双方因性格不合，时常吵架，甚至动手打架。双方决定离婚，小孩由母亲李某抚养。丁某在一家报社工作，月收入8000元，丁某应付给小孩多少抚养费?

案例分析

新《婚姻法》第三十七条明确规定："离婚后，一方抚养的子女，另一方应付给必要的生活费和教育费的一部分或全部。"

抚养费的数额，可根据子女的实际需要、父母双方的负担能力和当地的实际生活水平来确定。最高人民法院《关于人民法院审理离婚案件处理子女抚养费问题的若干意见》第七条第二款规定："有固定收入的，抚养费一般可按总收入的20%～30%的比例给付。负担两个以上子女的抚养费的，比例可以适当提高，但一般不得超过月总收入的50%。"

抚养费给付期限，一般到子女18周岁为止。16周岁以上不满18周岁的未成年人，以其劳动收入为主要生活来源，并维持当地一般生活水平的，父母可停止给付抚育费。另外，因某种情况出现，如子女患病、物价上涨等，使子女原定抚养费不能满足子女正常生活需要的，子女有权要求父或母增加抚养费数额。

因此，本案中，孩子的父亲丁某属于有固定收入，月收入8000元，那么他应该每月给孩子抚养费1600～2400元。

我们要对监护人说

父母的离异，虽然在一定程度上解决了成年人的问题，却使孩子年幼的心灵受到了严重的创伤。有关研究表明，父母离异是导致青少年犯罪的主要原因之一。父母离异，家庭破裂，父爱或者母爱的失去，完整家庭的温暖与单亲家庭的冷清之间造成强烈的对比，这些都会在孩子的心灵留下痛楚的烙印，以致引发一系列的心理问题、行为问题、父子或母子之间的矛盾，乃至极端的犯罪行为。

离异本身已经给孩子造成了伤害，作为离异后仍然是孩子监护人的双方，更应该为孩子的健康成长做出自己的努力。

我们一定要明确：

监护人与未成年人间的关系，不因离婚而消除。离婚后，父母双方对于子女仍有抚养和教育的权利和义务，不同子女一起生活的一方仍有监护权。离异父母监护人不得以任何理由逃避自己对孩子的监护职责。别让伤害继续！别让伤害加剧！只要父母具有监护能力，就永远是未成年子女法定的、神圣的监护人。被监护人的健康成长，永远是我们的神圣职责。

收养与监护

如今，收养的现象已经比较常见。通过合法的收养行为，收养人与被收养人之间也可以确立合法的监护与被监护关系。

那么，怎样的收养行为才合法？具备怎样的条件才能收养？收养人对被收养的未成年人有怎样的监护权？……

案例 孩子的生母能把孩子留下吗

夏某与张某是某市两个临近城区的朋友，2002 年，张某生了一个女儿，因为不喜欢女儿，无心养育，不好好照顾，夏某看不过，经过张某同意就收养了这个小女孩，并到有关机关办理了法律手续。夏某给女孩取名元元。

之后，元元的亲生父母偶尔看望孩子一眼，孩子也渐渐长大，非常懂事，又招人喜欢。张某心动，就想把孩子要回。一次，张某借由把元元带回家，不让她回夏某家。夏某几次催促都遭到拒绝。夏某一气之下，就把张某告上了法庭。

案例分析

夏某究竟能不能要回元元？张某作为元元的生母究竟能不能把孩子留下？我国《收养法》第二十二条规定：“自收养关系成立之日起，养父母与养子女间的权利义务关系，适用法律关于父母子女关系的规定。”“养子女与生父母及其他近亲属间的权利义务关系，因收养关系的成立而消除。”

夏某收养了元元，并对她尽了抚养和教育义务，已经形成了养父母与养子女的关系，夏某也成为元元合法的监护人，这种关系不能随随便便就被解除。因此，元元的生母张某阻挠夏某领回养女是违法的。夏某可以到人民法院起诉，请人民法院依法保护这一收养关系。

我们要对监护人说

收养，应该考虑孩子的健康成长。只有自己具备收养的条件，才能合法地收养。

而收养行为一旦发生，收养人与被收养的未成年人之间就形成了法定的监护与被监护的关系，收养人成为孩子合法的监护人，就承担起了法律赋予的神圣的监护权利和义务，就要向孩子的亲生父母一样，对孩子的健康成长承担起监护的职责。

第四章

让/我/们/的/孩/子/活/得/更/精/彩

——科学教子是监护人的天职

未成年子女是监护人心中的天使，过高过多的希望寄托在他们身上。监护人“望子成龙”心切，希望未成年子女按照自己设立的既定轨道发展，殊不知，往往弄巧成拙。有的是因为方法不当，有的是因为缺乏科学育子的知识，更有的是缺乏基本的法律常识，甚至在教育未成年人的过程中自己触犯了法律而不自知。我们想提醒监护人：

你是否无形中剥夺了未成年人的受教育权?

你是否限制了未成年人的自由发展?

你是否侵犯了未成年人的隐私?

你是否……

不要让孩子离开学校

案例 家长让孩子辍学，属于违法行为

据《中国青年报》报道：新疆维吾尔自治区阿克苏地区柯坪县的玉尔其乡、阿恰勒乡人民政府，将29名孩子的家长告上法庭，理由是他们的孩子因忙农活辍学，要求法院责令家长把孩子送回学校读书。

据了解，当地一些农民认为只要种好自己的“一亩三分地”即可，对自己孩子的要求也只是会种地、能干点儿苦力活。在当地，每到开学和农忙的时候，就是学生辍学的高峰期。柯坪县政府下定决心：出现一个让孩子辍学的家长，政府就告一个，要靠法律来解决学生辍学问题。

案例分析

我国《义务教育法》第十一条明确规定：“父母或者其他监护人必须使适龄的子女或者被监护人按时入学，接受规定年限的义务教育。适龄儿童、少年因疾病或者特殊情况，需要延缓入学和免予入学的，由儿童、少年的父母或者其他监护人提出申请，经当地人民政府批准。”

《未成年人保护法》第九条更是明确规定：“父母或者其他监护人应当尊重未成年人接受义务教育的权利，必须使适龄未成年人按规定接受义务教育，不得使在校接受义务教育的未成年人辍学。”

我们要对监护人说

接受九年制义务教育既是适龄儿童、少年的法定权利，又是他们的义务，即每个适龄儿童少年必须接受规定年限的义务教育，同时为了保证未成年人合法权利的实现，父母作为未成年人的合法监护人，应当保证未成年人有足够的时间和物质条件接受义务教育。

让孩子轻松成长

我国实施计划生育政策以来，独生子女越来越多，尤其在城市，人们生活水平较高，有更多的精力和资金投入到对子女的教育。许多家长从孩子一出生，甚至在孩子还没出生以前，便计划好了孩子的将来，希望自己的孩子能按照自己的计划一步步成为自己心中的塑像。

于是，便有了“黑色的星期天”，每个孩子都不得闲，都得上各种各样的学习班：钢琴、舞蹈、美术、书法、武术、游泳，不一而足。如果孩子不愿意学，情况就更糟糕，家长受累，孩子受罪。孩子因为不愿学琴，受逼迫而将自己的手指砍断的悲惨故事还不够骇人听闻吗？请听听一个孩子的心声吧：

案例 我想把孩子培养成……

“双休日是爸妈对我进行额外教育的学习日，每到周六，爸爸就带着我‘长征’，他背着长长的琴盒，用自行车带着我穿大街、过小巷，去很远的一个学校学琴。周日，妈妈又带着我转乘两次公共汽车，去一个地方学画。

他们望子成龙心切，可全然不顾我的兴趣爱好和实际情况，我只想做一个普通的有着欢乐童年的孩子。”

案例分析

我国义务教育法明确规定：“凡年满6周岁的儿童，不分性别、民族、种族，应当入学接受规定年限的义务教育。”在接受义务教育这个问题上，未成年子女和父母没有商量的余地，必须入学接受义务教育，也就是说接受义务教育既是未成年人的权利，又是未成年人的义务。但在诸如选择学校、接受课余教育等问题上，既然法律没有明确规定父母有单独做决定的绝对权力，就应当在未成年子女能够做出合乎情理的选择时听从子女的意见。要知道，民主的家庭气氛是最适合未成年人成长的。

我们要对监护人说

父母作为监护人，当然有对未成年子女进行教育的权利，但是父母的权利不是无限的，在子女能进行独立决定的领域，父母不能将自己的意志强加于子女。

不要随意侮辱未成年子女的人格

案例 尊重孩子人格，不能当众斥责

小芳的父母经常当着客人的面大声呵斥她，弄得小芳很没面子，长期这样下来，小芳变得不爱在众人面前开口，课堂上也不敢回答老师的问题，生怕一说错，老师会当着全班同学的面批评她。小芳开始变成了双重人格，在比自己有权威的人面前，她唯唯诺诺；一旦自己处于权威者的角色，她的脾气变得非常暴躁，动不动就爱发火，很难搞好人际关系。

案例分析

人格权是指民事主体专属享有，以人格利益为客体，为维护其独立人格所必备的固有权利。公民不分其年龄、智力、受教育程度、宗教信仰、社会地位，都平等地享有人格权。

《中华人民共和国未成年人保护法》第十条明确规定："父母或者其他监护人应当以健康的思想、品行和适当的教育方法教育未成年人……"

在上述案例中，小芳的父母不尊重小芳的人格，给小芳的自尊心带来极大伤害，一定程度上侵犯了小芳的人格权。我国著名的教育家陶行知先生说："你的棍棒之下有瓦特，你的冷眼里有牛顿，你的讥笑中有爱迪生。"父母应该遵循教育中的鼓励性原则（鼓励性原则不一定只对教师适用），对未成年子女多加赞扬，肯定他的每一点进步，这样不仅有利于孩子增加自信，而且有利于其健康人格的发展和良好的亲子关系，你会发现自己的子女变得更加聪明和懂事。

我们要对监护人说

父母不能随意打骂未成年子女，不能将未成年子女当作自己的私有物品任意处置。有的父母出于"不打不成才"的落后观念，随意侵犯子女的生命健康

权。并且随意讥笑、冷眼看待未成年子女。殊不知，这样往往给未成年子女造成很大的心理伤害，无形中侵犯了他们的人格权，甚至会影响未成年人一生的发展。

营造良好家庭情绪，促进家人心理健康

案例 家庭和谐，孩子快乐

一位四年级小学生在作文中描写了自己的家庭：

爸爸、妈妈、我，组成了一个快乐的家。在我的家里，常常可以听到欢快的笑声。

星期五下午，爸爸很早就回来了，只见爸爸一进门，就发出一阵开心的怪叫声："哎呀呀呀呀……"并且抖动着手臂，像抽了筋似的向我走来，我正大口地嚼着饼干，见状赶忙大笑着躲到正在擦地板的妈妈身后。爸爸也不再理我，自顾自地走到茶几边上，迅雷不及掩耳地拿了一个苹果和一盒饼干狂吃了起来。

我没有办法控制住自己，搂着妈妈笑得颤动不已，并且把饼干吐了一地，还差点把妈妈推倒在地。妈妈站起来，一手叉腰，一手指着爸爸吼道："你让别人笑成什么样子了？刚刚擦干净的地又被你们搞得这么乱七八糟，罚你把地擦干净！""好的，女皇，麻烦您先去烧饭吧？"爸爸嘻皮笑脸地说着并做出一个"请"的动作，逗得妈妈也忍俊不禁了，整个屋子里便充满了我们的笑声……

案例分析

在影响人们心理健康的众多因素中，有一个极易被忽视而又相当重要的因素，就是"家庭情绪"。心理学告诫人们要保持良好而稳定的情绪，以增进自己身心健康。其实，仅仅关注自己的情绪是很不够的。因为，每个人每天约有一半以上的时间都是在自己的家庭中度过的。而家庭情绪是一个整体，每个家庭成员都不能完全独立，都会受到家庭整体情绪的影响。

有人说得好，在快乐的家庭中生活的每一个人，几乎都是快乐的；在烦闷、消沉的家庭中生活的成员则很难摆脱不快的阴影。

当监护人认识到家庭情绪的重要性之后，就应该时刻关注和不断改善自己的家庭情绪。

首先，监护人可以对自己的家庭情绪进行一次自我评价，看它属于以下三类中的哪一类：

第一类：和谐、温馨、轻松、愉快；

第二类：基本和谐、稳定、偶有争吵；

第三类：长期或经常处于紧张、沉闷、烦恼或家庭主要成员之间争吵不休，甚至对抗或感情破裂。

如果属于第一类家庭情绪，应该珍惜和注意维护，切不可做有损于家庭团结的蠢事。第二类尤其是第三类，应努力、认真地找出不良家庭情绪的主要原因，并有针对性地施治，不可忽视。

一般说来，不良家庭情绪的产生原因，主要有五个方面：

1. 主要家庭成员（尤其是夫妻）之间关系不和睦、紧张；2. 主要家庭成员患有严重的心理障碍，或个性乖戾、暴躁；3. 家庭缺乏民主，监护人专横、武断；4. 多数或主要家庭成员性格内向、刻板、单调；5. 家中有长期卧床、生活不能自理的病人，或有重病、难治之症的病人等。

改善不良家庭情绪应先从消除主要原因入手，主要家庭成员即监护人负有重要责任，要从我做起，做搞好家庭成员关系的表率。家庭情绪源于每个家庭成员的情绪及家庭成员之间的关系。事实证明，不良情绪的产生与人们的需要得不到满足有关。一个家庭，如果家庭成员之间，都能做到相互爱护，相互关心，相互体谅，相互尽力满足亲人的合理需要，那么，这个家庭的整体情绪一般都是和谐而愉快的。

家庭情绪与家庭精神生活关系密切。因此，监护人应该在改善、丰富自己和家庭精神生活方面下番功夫，这要求每个家庭成员的精神生活应该充实，培养一些业余爱好，经常开展家庭内的文娱、体育活动，让歌声、琴声、欢笑声充满家庭。

千里之行，始于足下

案例 培养孩子良好的学习习惯

曾经有监护人很焦急地说，自己的孩子写作业马马虎虎，上课不认真听讲，孩子自己也有纠正坏习惯的愿望，但是身不由己。

当问他们：“孩子在入学前（幼儿园大班）和刚入学（小学一年级）的这一段时间里，有没有对孩子进行幼小衔接的教育？”100% 的监护人说没有。然后是一系列理由，大致是工作忙，忽略了，很无奈的感觉；或者是直接说不懂得对孩子进行这方面的教育。

其实，孩子从幼儿园到小学，是一个很大的转变，最根本的区别在于幼儿园是以游戏活动为中心的，而小学则是以学习活动为中心的，更是培养孩子良好学习习惯的关键期。

案例分析

“习惯”是“通过对某一行为的重复，使该行为形成按一定方式进行的趋势或倾向”。这就是说好习惯和坏习惯并不是我们与生俱有的，而是一种行为。

根据专家的研究发现，21 天以上的重复会形成习惯，90 天的重复会形成稳定的习惯。培养孩子好习惯，纠正坏习惯的一些具体做法：

1. 制定明确的目标。良好习惯的培养从制定具体、明确、可行的计划开始。计划越具体、细致，要求越明确，效果就越好。比如，监护人对孩子说：“每天要早起”就不如“每天 7 点起床”效果更好。

2. 一次只培养一个好习惯。不要试图一下子改变孩子的多个不良习惯，而要集中于改变一个坏习惯。坚持一个行动，关键在头三天，如果能坚持 21 天以上，你就能帮助孩子形成一个习惯。当行动成为和吃饭、睡觉一样的习惯后，接下来的一切便会顺理成章。

3. 做到令行禁止。例如：要改变孩子作业拖拉习惯很难。首先孩子得愿意改变，监护人可以与孩子商量好，写作业剩下来的时间奖励他做喜欢的事。千万要注意，不让孩子做的要提前约定，不能失信于孩子。制定好的计划监护人需要坚持执行，不能随口承诺，更不能按自己的意愿随意改变。永远不允许一次倒退发生，直到新的习惯牢牢地扎根在孩子的生活中。

我们要对监护人说

监护人应当从幼儿园大班起，就给孩子讲一讲小学生活，讲幼儿园和小学的不同，这时候学前儿童一般是比较向往即将到来的小学生活的。如果有条件，多让孩子与已上学的低年级小朋友交往，让孩子自己通过与同伴的交流了解学校。还可以让孩子参观学校，更直观地观察学校生活。

孩子刚入小学又是一个关键期，这时候孩子的一切生活作息时间与幼儿园有很大的不同，可能会不习惯。

比如以前从幼儿园一回家就可以看电视，现在不可以了。必须先写作业，孩子可能会不理解，家长这时一定要耐心地给孩子讲清楚。如果孩子不听，坚决不能妥协，要让孩子知道，在这件事情上，是没有可商量的余地的。

同时，要跟老师保持联系，看孩子是不是在学校也有不适应的情况发生，如果有，协助教师帮孩子适应新的学校生活，从一开始就防患于未然，使孩子养成上课认真听讲、及时整理自己的学习用具、课后按时复习功课等好习惯。

总之，孩子入学前后的这一段时间，是绝对不能放松的。家长不能以工作忙为由，忽视自己的责任，否则将后患无穷。

分分分，孩子的命根

案例 孩子的分数，平常心看待

想想您平时是怎么看待孩子的分数的？有下面几种选择：

A. 非常重视，孩子考不好就要受惩罚

B. 不怎么看重分数，主要看孩子的努力程度

C. 考试成绩只是一个方面，适当地重视，但不过分拘泥于成绩

D. 不能光看分数，孩子的能力更加重要

E. 不关心

案例分析

分数是学生在某一次考试中的卷面得分，由于考试测量的是一段时间内孩子所学的知识，因而考试所得的分数，可以在一定程度上反映出孩子在这段时间内对老师所教内容的掌握水平。但分数是多种因素综合作用的结果，这些因素包括：

- 孩子的学习态度、积极性、努力程度、学习方法
- 孩子的智力水平、身体健康状况
- 孩子考试时的身体、精神状态
- 孩子复习的效果
- 老师的教学水平
- 考试题目的难易程度等

这就是为什么学生考试经常有发挥失常现象的原因，因此家长应该全面、客观地看待分数。

我们要对监护人说

分数不是衡量学生的唯一标准，不该要求孩子每次考试都得 100 分，或规定必须在 90 分以上。

请注意虽然自己关心孩子的分数算不上隐私，但别人家孩子的分数您最好少问，不然会侵犯别人的隐私权呀！如果恰恰考得不好，是双方都很尴尬的事情。

要纵向比较，不要横向比较。如果老拿自己孩子的分数跟别的同学比较，久而久之，孩子会觉得自己老不如别人，（因为可能每次都会有人考得比自己的孩子好）从而产生自卑感。聪明的办法是作纵向比较，发现孩子的成绩比上一次有进步，就及时地表扬鼓励他（她），经过一段时间后，可能会发现自己的孩子更有自信，说不定，他（她）会不知不觉地成为班上的尖子生！

不要把成绩和物质奖励相连。经常见到家长许诺：如果这次考试考多少多少分，就给你买……以激励孩子好好学习。这种方法是不足取的，要让孩子明确地知道，努力学习是他（她）的“本职工作”。当然，在孩子有了好的成绩之后，给孩子一定的奖励是无可厚非的，但奖励应该是不确定性的，不能事先许诺，这样才会起到激励的效果。

你是称职的家长吗

案例1 陪孩子写作业，此举不可取

小丽每天做家庭作业时，妈妈都要在一旁监督，时不时地指出她的错误，搞得小丽很紧张，有时候当作业比较难时，妈妈就直接帮小丽完成作业。虽然小丽的作业每次都能得满分，可是考试时总得不了高分，妈妈非常疑惑，自己这么费劲帮她，怎么还如此糟糕？

案例分析

当孩子入学后，家长几乎自然而然地就成了孩子的第一任“家教”，孩子的学习、在校人际交往等都时不时地需要家长辅导指点。

上述例子中，小丽妈妈出发点是好的，希望女儿在自己的精心指导下，能够取得好成绩。但是方式不对，孩子做家庭作业时，家长亦步亦趋地监督是不明智的做法，这往往会使孩子担心出错被家长骂，而心思不全在学习上；替孩子“捉刀代笔”的做法更是不足取，长此以往，不仅会养成孩子懒惰不愿动脑的心理，而且容易助长孩子的虚荣心。

我们要对监护人说

父母完全可以在孩子做完作业后让孩子自己先检查，约定可以容忍的错误率，然后家长可以在自己有时间时抽查，这样孩子有明确的目标，各自分工明确，就不会出现小丽妈妈吃力不讨好的尴尬了。

孩子不会做的作业家长可以辅导，自己实在辅导不了，再请孩子问老师，代替孩子做是下下策。总之要记住一句话：孩子是学习的主人！另外，家长在辅导孩子学习时还应该注意以下几点：

怎么做才能事半功倍？您可以帮助孩子订立学习计划，然后监督孩子学习计划的完成情况。时刻都要记住，一切责任都留给自己是最笨的做法，发挥孩子的主动性才是最根本的。

◎家长自己文化水平不高怎么办

学习是孩子自己的事情，家长水平再高，也永远只能起辅助作用。有时，贫苦家庭的子女反而能“山窝窝里飞出金凤凰”。由此可见，文化水平不高的父母大可不必自卑和担心。父母可以从别的方面尽量给孩子创造良好的学习环境，经常跟孩子交流学习上的困惑和收获，让孩子知道父母对自己的学习是非常关心的，培养孩子良好的学习习惯，多给孩子提供适合的报刊杂志等，相信孩子不会对你的努力视而不见的。

◎请家教是必须的吗

答案是否定的，学习最好的孩子不是由家教教出来的。什么时候才有必要请家教呢？如果你的孩子确实在某一门科目上成绩太差，或学起来非常吃力，你可以坐下来好好跟孩子谈谈，应该注意的是不要让孩子有自己不行才请家教的想法，坦诚地告诉孩子，请家教是为了帮助你更好地学习，就像别人有了困难你也会去帮忙一样，不是丢脸的事情。

同时，要注意选择家教时，考虑自己孩子的年龄、性别、性格特征等因素，不要一味追求高学历。关键是家教老师和孩子之间的配合，如果双方步调不一致，再好的家教也是枉然。另外，家长要注意不必每次都要听家教的课，否则不免有点喧宾夺主，让大家都觉得很别扭，也不会取得好的效果。

案例2 孩子离家出走，家长有责任

小博的妈妈是一名优秀的市级数学老师，爸爸是医生，两口子为了教育孩子成才，可以说付出了一切。小博也没有让爸爸妈妈失望，学习上刻苦努力成绩优异，生活中也是个听话的孩子，家里交给的任务都是保证完成的，洗碗、扫地、洗衣物……也从来不像别的孩子那样爱花钱，他把家里给的零花钱和亲戚给的压岁钱攒起来存到银行，在学校的中午餐也是非常的节省，从不乱花一分钱，小博父母更是对孩子完全放心。从未想过如此听话的小博会离家出走。

原来自从小博上初中开始，为了让他更好地学习，小博爸妈便不顾孩子对围棋的痴迷，强行禁止孩子参加围棋班，就连其他的电子游戏也被列入了禁令，甚至还把家里的网线切断了。每天放学回家，除了完成繁重的功课，小博妈妈还不遗余力地给小博补课，使得孩子没有一丝自由的时间。慢慢地，小博变得不太喜欢和人交流，脸上很少出现笑容。而小博的这些变化，小博爸妈却全都没有注意到，还是一味地只关注孩子的成绩、分数……

终于有一天，小博无法忍受父母的严格控制和学校的压力，选择了离家出走。

案例分析

对监护人来讲，孩子离家出走无疑是最棘手、心痛的事情之一。孩子离家出走，人们总认为是孩子的错，甚至抱怨自己的孩子如此“不听管教”，其实这是家庭教育的失败。孩子离家出走，各有各的原因，但有一点是共同的，那就是孩子承受着巨大的心理压力，无法摆脱，于是一走了之。

当我们对离家出走的孩子有更多谴责，说他们抛却家庭的亲情，淡化父母的感受，无视亲人的悲伤时，我们是不是也应该给予孩子更多的理解？他们实际上是企图通过这种方式抵抗监护人对自己的压抑与控制。

上清华北大、考试分数其实并不那么重要，只要孩子还活着、只要孩子身体健康、只要孩子能够像普通人一样正常快乐地工作生活，我就心满意足了！

然而，在日常生活中，对那些急功近利的监护人来说，这一价值却往往被虚置，仿佛它们是自然存在、不会丧失的。但一旦丧失，那将是追悔莫及。

德育和法律教育从娃娃抓起

案例1 不要让孩子“失去”爸爸妈妈

小毅从小在姥姥家长大，父母都是大公司的高级职员，生活比较优裕，小毅的零花钱总是同伴当中最多的，吃的、玩的更是应有尽有，父母都是现代派的，不愿意带着孩子而拖累自己，觉得只要在物质上满足孩子，孩子跟着谁都一样。

每次小毅看到同学的父母来接同学回家，都特别羡慕，虽然自己有姥姥接，可是小毅希望爸爸妈妈也能来接他，姥姥姥爷都特别宠他，可是小毅总觉得自己比别人缺了点什么。

案例分析

年轻的父母们往往图自己一时的轻松，将孩子送给老人抚养，隔代抚养存在着很大的弊端：过分宠爱孩子、观念陈旧落后等，而且作为父母，抚养孩子是自己不可推卸的责任，对此问题前章已有所涉及，不再赘述。

我们要对监护人说

跟父母生活在一起的孩子较之跟老人生活在一起的孩子性情更加开朗、可以得到更健康的家教。因此，年轻的父母一定要将孩子留在自己身边，即使自己真的很忙，也不能以此为借口推卸责任。

案例2 家长争吵，殃及孩子

每当爸爸妈妈愤怒地瞪着对方，我就知道一场暴风雨即将来临。爸爸妈妈老是吵架，有时三句话没说完就吵了起来，爸爸的声音震天响，妈妈吵不过，就哭。我非常害怕，有一次我实在实在是不想看他们吵下去了，就跪着求爸爸不要打妈妈了，爸爸不仅没有感动，反而愤恨地瞪着我，还打了我一巴掌，我永远也忘不了。（一个孩子的心声）

案例分析

有一种夫妇的做法是值得提倡的，他们永远不将矛盾赤裸裸地暴露在孩子面前，而是关起门来自己解决，在孩子年龄尚小的时候，他不能理解人与人之间（特别是夫妻之间）的矛盾，父母的不和谐只会给他（她）带来无尽的伤害。

但我们并不否认在孩子渐渐长大时，应该让其了解家庭中的矛盾并让其参与矛盾的解决。

你是孩子的榜样吗

案例　你是“万事通”，孩子会崇拜

我爸爸是个“万事通”，我的什么问题都难不倒他，看完科幻动画片后，我带着一大堆“问号”去找爸爸。

“为什么光能让我们看见东西？”“什么是宇宙大爆炸？”他总能给我满意的回答。

平时我的问题也是千奇百怪，但爸爸都会给我耐心解答的。到公园去玩，我会问“一条毛毛虫为什么会成为美丽的蝴蝶？”读了爱迪生的故事，我会问：“为什么鸡可以孵蛋，人不可以？”还有像雪为什么是白的？猫头鹰为什么睁一只眼闭一只眼？太空植物为什么那么大等等。

虽然我爸爸只有一米六五的个头，可他在我心目中，是那样高大！

案例分析

父母是孩子成长道路上的第一任教师，作为父母，你是否想过，自己的一言一行是否堪做孩子的榜样？

有人说“孩子是父母的一面镜子”，孩子天天耳闻目睹父母的言行，“近朱者赤，近墨者黑”，因此在极大程度上，你的行为决定了孩子以后的发展方向。

笔者在大学校园里经常看见年轻的父母教导自己的孩子不要踩草坪、不要乱折花草，不可否认：父母的高文化水准决定了其教养孩子的方式。

我们要对监护人说

请你反思一下，你是否一面要孩子“好好学习”，一面又讲“自己小时候也不爱学习，结果现在一事无成”？你是否教导孩子“不要贪小便宜”，一面又因

为捡到了一个钱包暗自窃喜？如果是，那是非常危险和不明智的，直接后果是孩子将不再把你作为他心目中的偶像，你的话在他那里再也没有那么重的分量。

你是孩子的知心朋友吗

案例 母亲开明，儿子敢说真话

一位在大学教心理咨询的老师，跟自己的儿子关系非常融洽，母亲开放的人生观不能不说是很重要的催化剂，儿子在高中时，班上的一个女同学对他印象颇好，母亲没有草木皆兵，而是跟儿子开玩笑说："让人家来咱们家玩吧，人家对你那么好。"儿子在略显尴尬之余，对母亲的开明非常感激，本来谁都没有错，如果母亲盲目地怪儿子"不把心放在学习上"，儿子受到委屈，或许由于逆反心理作怪，就真的和那位女同学谈起"恋爱"，那时候母亲后悔就来不及了。

案例分析

父母永远是父母，不可能成为孩子的朋友，你也许会这样说。是的，父母有自己的权威，但是不要忘记，有时候孩子真的需要你的帮助。据调查，中小学生大部分将心里话告诉自己的"朋友"，很少有人告诉父母，这不能不说是众多做父母者的失败。

我们要对监护人说

心理知识，特别是中小学生心理知识是父母的必修课，父母不要认为自己也是从那时候过来的，"我走过的桥比你走过的路多"。一代人有一代人的生活环境，只有不断充实自己，才能在孩子那里扮演跟上时代的爸爸妈妈角色。

第五章

用/健/康/营/造/孩/子/的/一/生

——做孩子无微不至的监护人

人类一直没有停止对美好和幸福的探索和追求……

美食？华衣？金钱？权势？功名？……

经过无数个轮回之后，

人类重新找到了健康！

健康，是孩子成长的基础。

健康，是孩子成才的前提。

健康，是孩子一生幸福的凝聚。

做孩子无微不至的监护人，让孩子在身体、心理、社会交往和道德各个方面都成为一个健康的主体。

用健康营造孩子的一生。

树立大健康观

健康是未成年人生活的重要主题，因此，作为未成年子女的监护人，对孩子的健康肩负着重大的责任。孩子的健康，是监护人基本的职责，这是监护最具体的体现。

然而，我们所提的健康已经完全不是简单的、像我们过去所认为的“健康就是没有病”，这已经是非常狭隘片面的健康观。

今天的社会，我们需要树立全新的、全面的健康观，这就是世界卫生组织（WHO）正式向全世界发布的权威的、科学的健康定义：健康应该是一个人在精神、身体、社会交往和道德四方面保持健康状态。

世界卫生组织曾经提出了衡量个体健康的十个参考标准：

1. 精力充沛，能从容不迫地应付日常生活和工作。
2. 处事乐观，态度积极，乐于承担责任，事无巨细，不挑剔。
3. 善于休息，睡眠良好。
4. 应变能力强，能适应环境的各种变化。
5. 对一般性感冒和传染病具抵抗力。
6. 体重适当，体形匀称，站立时头、肩、臀位置协调。
7. 眼睛明亮，反应敏锐，眼睑不发炎。
8. 牙齿清洁，无空洞，无痛感；齿龈颜色正常，无出血现象。
9. 头发有光泽，无头屑。
10. 肌肉、皮肤有弹性，走路轻松。

从这十个标准可以看出，现在的健康观已经完全超出了身体健康的界限，而发展成为包括身体健康、心理健康、社会适应健康、道德健康等多方面、全方位的健康概念。

对于成长中的未成年人，无论是身体、心理、社会交往、抑或是道德，都处在一个具有很强可塑性的发展时期，因此，监护人更应该树立这种“大健康观”，为孩子的全面健康和高质量健康负责！

给孩子强健的体魄

俗话说，“身体是革命的本钱”，要把孩子培养成为栋梁之材，首先要保证孩子有一个健康的身体。而要实现真正的身体健康，监护人需要注意孩子的健康饮食、科学作息以及注意选择健康的用品。

◎健康饮食

“民以食为天”，健康的身体首先从饮食开始。

案例1 肥胖是病不是福

小明是爷爷奶奶和爸爸妈妈的掌上明珠，长辈们对他疼爱至极，每天都给他买很多很多好吃的，围着并送到他的嘴边。爸爸妈妈让他顿顿都吃鸡鱼肉蛋，还有各种各样他爱吃的零食，冰淇淋、薯条……唯恐他吃不饱，长不壮。结果，小明不到8岁，就已经有135斤，行动不方便，干什么都做不好，还经常受到小朋友的嘲笑，家长一筹莫展，只好送他去医院，结果是肥胖症，后悔晚矣。

案例分析

现在，健康的标准之一，就是体重适当，体形匀称。如今，家庭条件好了，家长把全身心的力量都放在孩子身上，想让孩子过更好的生活，而他们直接的选择就是吃。事实上，吃也要健康，肥胖不是福，而是病。作为未成年人的监护人，一定要适当控制孩子的饮食，以防孩子很小的时候就得上肥胖症，给身体和心理都造成不必要的压力。

案例2 暴饮暴食，祸患无穷

小浩是独生子，家人疼爱备至，从不限制他的饮食。小浩要过12岁生日的时候，家里上下忙成一团，给小浩做了好多好多美食。小浩平日最喜欢吃红烧肉，爸爸妈妈做了一大锅，任他猛吃海吃；还有各种海鲜、饮料……小浩连续吃了三大碗红烧肉，猛灌了两罐可乐，又吃了好多厚厚奶油的生日蛋糕。

这顿父母精心准备的生日晚宴还没结束，小浩突然腹部疼痛难忍，倒地不起，送往医院，抢救无效死亡。

经查明，死因是一次过量食入高脂肪食物，使胰脏损伤。

案例分析

这个案例留下的沉痛教训，让我们不得不好好反省一下平日里我们对孩子饮食上的一些错误观念。暴食暴饮有害健康，孩子的饮食一定要有节制。

案例3 谨防食物中毒

夏季的一天，小堂一家人晚饭有炒扁豆（又称芸豆、豆角）菜，全家人吃了后，均出现不同程度的中毒症状，重者上吐下泻，轻者则头晕恶心。这是怎么回事呢？他们赶紧打的去了医院，经医生解释才知道，扁豆在加工制作的过程中，由于时间短，扁豆所产生的氢氰酸等剧毒物质还未来得及分解，因而引起全家人中毒。

案例分析

日常烹饪中，“蔬菜也含毒，重在细烹调”。监护人请注意，下列知识你知道吗？

市场上常见的黄花菜（俗称金针菜），干菜已无毒，可是鲜菜却含有有毒的秋水仙素，不能直接吃。吃鲜黄花菜时，必须先用开水煮，煮后用冷水漂洗两次才能吃。土豆是夏季的蔬菜，在高温下放久之后会生芽。发芽的土豆在芽附近会产生许多有毒的龙葵素，应该将每个芽眼用刀仔细剜掉，尽量挖得范围大一点，这样就可以避免中毒了。西红柿未成熟时也有龙葵素，因而不能生吃未成熟的西红柿。蘑菇鲜嫩可口，是人人喜爱的蔬菜，可是市场上往往有毒蘑菇，毒蘑菇一般色彩鲜艳，招人喜欢，其实蕴含剧毒。另外，告诉未成年人：白果（银杏树的果实）也不能生吃。市场上卖的河里出产的田螺，不仅不卫生，而且也是含毒的，到了夏季，很多大排档卖一种炒田螺，人们在享受美味时应当注意饮食卫生。

我们要对监护人说

健康的饮食，关键在于把监护人的主动变为孩子的主动，与其终日唠叨，不如引导孩子从小就树立良好的饮食卫生意识，这是对孩子真正的负责。

为此，监护人应做到：合理安排孩子的饮食，不让孩子暴饮暴食，也不让孩子挑食；让孩子从小养成良好健康的饮食卫生习惯；保证孩子的早餐吃饱吃好。

◎科学作息

案例 保证孩子充足的睡眠

小强的爸爸喜欢打麻将，几乎每天都要邀集自己的邻居和朋友在家里摆开牌局，一直玩到天亮。小强的屋子就在牌局的隔壁，打牌的吵闹声经常让小强心神不定，无法集中精力写作业，睡觉也经常被吵醒。结果，小强每天上课都没精神，无精打采，学习成绩很差，身体也不好。

我们要对监护人说

正常和充足的睡眠对于孩子身体的生长和学习的进步非常重要，因为睡眠过程中，生长素分泌加快，蛋白质合成加速，这一段时间，是孩子生长最快的时候。因此，如果睡眠不充足，会直接影响孩子身体的生长。此外，睡眠不足，孩子的精力无法恢复，就会影响第二天的学习和活动。

所以，作为孩子的监护人，一定要保证孩子充足和科学的睡眠，孩子一般的睡眠时间应该在 10 个小时左右，随着年龄的增长，可以逐渐减少到 8 个小时。

为孩子安排科学的作息，监护人可以制定一个家庭共同遵守的作息制度，特别要为孩子确定具体睡眠的时间，并且一定要按照这个安排来具体实行，尽量避免过多改变。

◎选择安全的文具和玩具

案例 不良玩具也会伤到孩子

10 岁的杭州男孩彬彬，跟家里人去雁荡山玩。在夜幕降临时，导游用一种高功率激光笔晃来晃去，为游客“指点江山”，光掠过彬彬左眼，也就那么一两秒的功夫，彬彬的眼睛被“烧伤”了。

爸爸带彬彬去看医生。主治医师检查了彬彬的眼睛。检查结果：视网膜损伤，黄斑区连续性中断。陈医生说，激光笔“烧”伤眼睛他也第一次遇上。

案例分析

现在，市场上充斥着各种各样五花八门的儿童用品、玩具、学习用品等，而且，无论从色彩还是装饰都非常吸引人。殊不知，这些孩子的用品中也隐藏着许多潜在的伤害身体健康的因素。家长在为孩子选择时一定要谨慎。

培养孩子健全的心理

传统的健康观念认为，健康就是有一个好的身体，然而在现代社会，人们由于各种压力而产生的焦虑、烦躁、愤怒、失落、紧张、恐惧、孤独、抑郁等心理情绪，以及由此聚合起来造成的心理危机，正在逐渐侵占人类的健康领地。强健的体魄是健康的基础，但不是全部。

今天，拥有健全的心理心智已经成为衡量健康的又一个重要维度。特别是对当前时代的未成年人，他们一开始面对的就是一个信息爆炸、知识爆炸、激烈竞争、潜伏着巨大升学和就业压力的社会，各种各样的来自家庭、学校和社会的压力，重重地压在他们身上，这是很多成年人所没有经受过的，也正是这些现实的和潜在的因素，正在渐渐逼近孩子稚嫩的心灵，影响着他们心理的健康成长。

“考试焦虑”、“敌对”等严重的情绪问题，在情绪状况调查的八项指标中都排在前列。

心理健康指个体心理在本身及环境条件许可范围内所能达到的最佳功能状态，其反面就是心理的不健全或者心理伤害。心理伤害是一个渐进的、隐性的过程，一般不容易察觉。因此，孩子的心理健康，往往被监护人忽视。而事实上，当前未成年人的心理问题已经成为挑战当前所有监护人的一个迫切问题。

而且，现实中暴露出来的很多未成年人的心理问题，都跟监护人有关系。

◎消除上学恐惧症

案例 孩子不愿意上学原因何在

小林被爸爸带着来看心理医生，小林自己主诉，从周一到周五，一起床就恶心，有时还会哇哇大哭，说自己一想到上学就头疼、胃疼。

小林爸爸说，有时孩子自己也很想来学校学习，可是一走近学校校门口就心里难受，恶心想呕吐。不过，这孩子一到双休日，就什么事都没有了，该吃就吃，该玩就玩。

其实，小林得了“上学恐惧症”或称“恐学症”。

案例分析

恐学症是一种较为严重的儿童心理疾病，多见于 7 ~ 12 岁的小学生。由于学生害怕上学，害怕学习，具有恐惧心理，也称为学校恐怖症。

恐学症有三个特征：其一，害怕上学，甚至公开表示拒绝上学；其二，发病期间，如果父母勉强患儿去上学，会使其焦虑加重，倘若父母同意暂时不去上学，则孩子焦虑马上缓解；其三，焦虑的症状表现为：心神不定、惶惶不安、面色苍白、全身出冷汗、心率加快、呼吸急促，甚至有呕吐、腹痛、尿频、便急等。

恐学症跟孩子的个性有关系，父母和教师对孩子过高的期望和过严的要求也会导致孩子恐学，恐学症一旦发生，监护人一定要了解孩子恐学的真正原因，并根据原因采取具体措施。对于恐学症的孩子，监护人决不能恐吓、威胁甚至打骂，而要通过沟通给孩子讲道理，逐渐帮助孩子克服对上学的畏惧心理。

为防止孩子得“恐学症”，监护人需注意一下几个方面：

- 学习要松紧适度，目标要切实可行
- 找到孩子不肯上学的真正原因，对症下药
- 做好心理疏导

对那些已经对上学有排斥心理的孩子，要加以疏导、鼓励，耐心地询问孩子的担心与焦虑。可以多给他们一些积极的心理暗示，这有助于孩子心情的放松，以愉快的心态去学习。

面对患有“上学恐惧症”的孩子，监护人一定要积极而耐心。孩子的心理恢复，是需要一定时间的。所以，监护人要和学校积极配合，有计划地使孩子减轻对学校的恐惧心理。

◎让孩子不再怕考试

案例　孩子怎么得了考试焦虑症

小燕是一位初三学生，她向学校心理辅导教师求助说：“进高中以来，每次复习我都无法集中精力。一想到考试我就心跳加速，觉得全身的血液都在沸腾，静不下心来。考场上，拿到试卷我头上便直冒冷汗，越想冷静便越心慌，甚至大脑出现一片空白。”

我们经常看到这种情形，不管是大考还是小考，考试过后，总会出现“几家欢乐几家愁”的情形，以至于

现在有很多同学谈“考”色变。大考更不必说，就是小小的月考，也会考前十几天开始担心，寝食难安，无精打采，考后一周了还沉浸在懊悔与自责之中，不等时间老人稍稍抚慰一下受伤的心灵，下一个轮回又开始了。

案例分析

这种考试病态心理被称作“考试焦虑症”。是指因为考试引发的一系列心理障碍，表现为考试前的头晕、坐立不安、突然慌乱、记忆堵塞、书写痉挛和身体疲劳等症状。

考试病态心理主要是由于考试准备过程中高强度的脑力劳动和体力消耗，再加上监护人、老师所施加的压力，导致了这种病态心理的发生，严重影响孩子考试的发挥。

作为监护人，要帮助孩子消除这种考试病态心理，以便以更积极轻松的态度应考。监护人要鼓励孩子好好复习，树立信心。面对考试，监护人更要以平常心来对待，不要给孩子施加过大的压力和过高的期望。此外，还要保证孩子良好的睡眠、营养和娱乐。

- 自我暗示法：走进考场先不忙于动笔，而是在心里反复默念“没关系，尽力而为就是了”，遇到难题不要心慌，告诉自己“我不会，别人也不一定会”，慢慢使自己放松下来。
- 深呼吸法：自我暗示后稍有镇静，全身放松，双手放在膝盖上，慢慢地深吸气，同时默念“吸”，然后慢慢呼气，默念“呼”，这样反复地多做几次，一分钟约 6 ~ 8 次，大约 1 ~ 2 分钟左右自己会感到呼吸、心跳正常。此时再鼓励自己“现在一切正常，我一定能成功”，反复 3 ~ 4 遍就可以了。

每个人在考试前、考试中或考试后，都会有这样那样的顾虑和担忧，这是正常现象，作为学生和监护人不必为此担心，形成新的心理负担，只要学会运用放松训练及时自我调节就可以了。

◎不要轻易给孩子带早恋的帽子

案例　妈妈逼走了女儿

14 岁的小凡已经是一个非常秀气的小姑娘，学习成绩又好，爸爸妈妈捧作宝贝似的，非常疼爱。一个周末，小凡的妈妈在家接了一个电话，听起来是个男生。而且妈妈观察到小凡接电话时的神情和语气怪怪的，好像很高兴，又好像怕她听见。以前小凡很少有电话的，尤其是男生的电话。于是妈妈就起了疑心。

一次趁小凡上学后，就翻开小凡的日记，果真看到里面有好几封类似情书的信，还有小凡关于自己对那个男生的一些感觉的描述。

妈妈真的火了，等小凡中午放学回来，就拿着小凡的日记，劈头盖脸就是一顿狠狠的责骂："这么小就谈恋爱，太不正经了！你还上不上重点高中！还考不考大学！那男生是谁？以后不许跟他交往，下午我到学校找他去……"小凡伤心极了，第二天，妈妈发现小凡不见了……

案例分析

小凡已经进入青春期，对异性的兴趣和吸引是很正常的现象。小凡究竟是不是早恋？也许小凡自己也不清楚，小凡的妈妈怎么就能够轻易地做出肯定的判断呢？

孩子步入青春期，由于体内性激素的分泌和刺激，性意识在朦胧中产生，性开始趋于成熟，对异性逐步感兴趣，不时产生一种与异性亲近的渴望和需求；并开始有了自己的秘密，把日记藏得严严的，偷偷看起爱情小说，有的甚至给异性同学递字条写"情书"、"约会"。这些都是正常的异性吸引，根本不是事实上的爱情。

这种爱的特点是朦胧的，但可以理解；是稚嫩的，但经不起打击；是一时的盲目冲动，所以应该提醒和引导，否则会因年幼无知而做出错事或蠢事。对于青春期孩子的异性吸引，父母谓之"早恋"，对此忧心忡忡，担心孩子花费精力影响学习；把握不住自己，偷吃禁果，误入歧途……紧张焦虑的心情不难理解，但重要的是必须把握孩子的心理特点，因势利导。

我们完全可以相信，只要父母努力用正确的方法引导孩子，配合学校和社会对孩子进行及时和科学的性教育，孩子就一定能够安全健康地度过青春期。

◎理解孩子自残背后的痛楚

案例　孩子为什么用小刀划自己的身体

初一年级小乾的手被小刀拉破了，很深的口子。值班老师急忙送他去医院。他走后，同学小伟告诉老师说，小乾经常在宿舍用小刀割自己的胳膊，甚至还叫别的同学割。

许多老师都会在自己年级或班级发现个别孩子有自残现象，最突出的表现就是拿小刀等器具在自己的胳膊上划出一个个血道子。从心理学上来说，当一个人的焦虑、紧张、不安、痛苦等负面情绪得不到化解的时候，往往心灵上就会感到孤独，对现在所面对的环境感到悲观。于是通过自残去引起别人的注意，或让别人知道自己的反抗，有的甚至选择了死亡。

案例分析

这种行为，归根到底是孩子由于内心的压抑得不到宣泄而形成的心理问题。我们看到，不少中学生不会承认自己存在心理问题，或遇到问题不知所措，不愿找同学朋友进行交流和倾诉，更不用说去找心理老师咨询，结果导致问题越积越多，严重影响学习、生活和健康成长，甚至出现许多不应有的悲剧，这不能不说是监护人和孩子的悲哀！

这更加提醒监护人，孩子假如在家庭里被忽略、被视而不见，得不到应有的家庭关怀与温暖，他的人格状态就会受到严重扭曲，变得自卑盲目、消极悲观。他就有可能会做出自残的行为，严重的甚至产生厌世情绪，所以我们更要多加关注孩子的心理健康。

一个负责的监护人，应该注意孩子心理或生理上的一些异常行为。要尽量避免这种事情的发生：

- 不安的睡眠。如果你的孩子经常失眠，那一定是有什么事情在困扰着他。建议父母在睡前和你的孩子抛开学习话题，随意聊聊天，让他能有一个机会说出心里话，减少内心的困扰。
- 胃口不佳。一段时间胃口不佳，如果不是身体疾病的原因，往往是因为孩子的情绪出了问题，监护人应认真对待。看看孩子是否有担忧、焦虑、恐惧等消极情绪压抑在内心，了解一下是什么原因让他产生这些负面情绪。
- 疾病反复。如果你的孩子叫嚷肚子痛或头痛，但又没有任何外在症状，那么他可能就是精神紧张。
- 身体上有划痕。当看到孩子胳膊上和其他身体部位上有些伤疤时，要问问孩子原因，在思想上一定要重视并认真对待此事。孩子看到父母并不是一副冷漠的态度，而是表现出发自内心的焦急关注后，他才会信任地将自己的心事对监护人说出。
- 中学生的生理、心理发展还不健全，非常需要得到家庭和外界的关爱。如果监护人没有注意到孩子的这种变化，对待孩子凭自己主观判断采用包办、干涉、指责的方式或者漠不关心的心态，往往会导致孩子的反抗与厌烦，出现急躁、叛逆心态。
- 孩子得不到父母的理解会增强他们的叛逆心，做出监护人难以理解的行为。而父母的强制打压、棍棒教育，很容易导致孩子的自残、抑郁等心理问题，如果没有及时发现和引导，最终很可能导致更大的伤害，如自杀等。
- 孩子出现问题，还要学会积极从自身找原因，当我们为孩子营造了和谐民主的家庭氛围，孩子能够有宣泄负面情绪的对象和场所时，这些现象才能够避免。所以说，只有首先改变自己才能继而改变孩子。

除了以上案例所揭示的未成年人普遍存在的心理问题之外，还包括神经衰弱症、抑郁症、孤独症、疑病症等常见的未成年人心理问题。

导致这些心理疾病的产生，很大程度上与监护人不正确的观念和教养方式有关系。正如前面在介绍监护人对未成年人的抚养监护时所举的那些案例反映出来的，监护人对未成年人造成的心理伤害可以归纳为以下一些方面：

监护人不正确的教养方式，比如对孩子惯以打骂，会导致孩子经常处于紧张状态，或者产生畏缩、焦虑、厌世、冷漠、孤独、抑郁、自闭等心理，或者产生逆反心理，甚至走向犯罪。监护人工作过忙，缺乏与孩子的沟通，不了解孩子的心思，会导致孩子沉默寡言、离群索居、孤独、冷漠心理的产生。监护人疏于对孩子的管教，比如让孩子整日沉溺于电视、电脑网络，导致孩子上瘾，或者"电视综合症"、"网络综合症"等，孩子不愿与人交往，过分依恋电视或电脑网络，以获得心理满足，心理孤独，逃避现实，并时常出现焦虑、忧郁、人际关系淡漠、情绪波动、烦躁不安等现象。监护人对孩子期望过高，会给孩子带来沉重的心理负担，长时间的焦虑会导致孩子精神萎靡、神经衰弱。监护人不了解孩子生长发育过程中会遇到的一些生理、心理问题，并且不管不问，不进行正确引导，导致孩子感到孤独、无助、多疑，严重的走向歧途……

所有这些普遍的心理问题，都跟监护人的监护行为有关，是监护人对自己监护职责的疏忽。

我们要对监护人说

在给孩子一个强健身体的同时，千万不要忽视对孩子心理健康的关注。工作繁忙不是理由，多留出一些时间跟您的孩子一起度过。关心他们的生活，倾听他们的故事、了解他们的心声、洞察他们的想法。做孩子平等的朋友。放松心态，不要对孩子过度的期望，过高的苛求。不要打骂孩子，更不要当着外人的面打骂孩子，不要伤害孩子的自尊。了解孩子成长过程中的生理问题和心理问题，引导孩子健康心理的养成，做孩子心理健康的导师。及时发现孩子的心理问题，及时加以解决。

社会适应健康

有了强健的体魄承担学习和生活对脑力与体力的挑战，有了健全的心理迎接社会各种压力对心灵的侵蚀，对于一个孩子的健康成长来说，是不是就足够了呢？答案是否定的。因为，孩子终究要走出家庭，走出学校，走出自我，走进社会，独立在社会上生存。因此，能够良好地适应社会，就成了当今时代健康的又一个重要维度。世界卫生组织（WHO）在提出身体健康和心理健康之后，把社会适应健康也纳入了健康观念，理由就在于此。

因此，作为孩子的监护人，理所应当对孩子社会适应的健康发展负起责任。

案例　孩子异性交往不可少

我是一名初二年级的男生，以前从来没有和女孩做过同桌。因为我个子很高，所以一直单独坐在最后。

这学期，老师把我调到和女孩同桌，我很难适应。每天很紧张，焦虑，心跳，也不敢看同桌的眼睛，平时和女孩说话脸都会红。

我看书时总害怕自己的眼神会看到同桌，我越来越心不在焉，越来越紧张害怕，越来越恐惧，越这样就越惊慌失措，到后来就总是控制不住用余光去看别人。

在课堂上，我发现老师同学们的眼睛都在看我，老师还经常咳嗽，我知道那是针对我的，其他同学也一样，总是在背后嘲笑议论，我越来越敏感，一听到咳嗽声，就心惊胆战，非常害怕。我真的很痛苦，很难受，我很自卑，很无奈。

案例分析

这是一位 14 岁男孩的心理烦恼，如果监护人过分限制青春期的孩子与异性交往，孩子会出现一些心理疾患。

异性交往永远都是孩子人际交往不可缺少的部分。尤其是对于进入青春期的孩子来说，异性交往的问题就更为重要。处理得当，有助于孩子健康人性的完善与发展，处理失当，就会给孩子的心理造成不良的伤害。综合已经出现的青少年异性交往的问题，以及一些监护人和教师解决的不同经验，我们想给监护人提出一些建议：

监护人不要对孩子的异性交往过于紧张，异性交往是孩子健康交往不可缺少的一部分。监护人不能限制孩子的异性交往，限制不仅不利于孩子对异性应该的了解，还可能激起孩子异常的好奇心，甚至逆反心理。监护人应该允许孩子自己去探索和体验，但要指导其交往的基本原则和基本的交往社会道德。监护人要引导孩子树立自己的人生目标，将异性交往放在一个合适的位置。

心理学研究表明，处在集体中的个人，交往的范围越广泛，和周围世界联系得越多样，他深入到社会关系的各个层面就越深远，他自己的精神世界就越充实，他个性的发展就越全面。只是我们做监护人的要给予正确引导。

孩子进入中学，这是少男少女接触异性世界的开端。通过了解同龄异性的各种特征，增长对异性的认知，为他们今后更加现实、更加胸有成竹地选择终身伴侣进行心理准备。

只是我们要提醒自己的孩子，青春期的男女交往，最好以群体的方式进行。这样便于吸取众多异性的优点，也可避免过早陷入单独约会的感情漩涡。

监护人应该欢迎孩子将异性同学带到家里来玩，但是要旁敲侧击地让孩子注重礼节和责任。这样做有两个好处，一是可以看看孩子交的朋友都是什么样的人，可以看到孩子身上存在哪些问题，及早发现及早解决。二是算一种变相的监督吧，因为青春期的孩子存在叛逆心理，很多事情越是阻挠越是发展不好。要善于用语言诱导，一定要让孩子懂得责任是什么。

总之，监护人要从以下几方面培养孩子社会适应健康：

- 引导孩子健康的人际交往
- 帮助孩子克服交往恐惧，树立自信
- 教孩子学会对他人真诚地微笑
- 给孩子提供接触、了解社会的机会

道德健康

道德是困扰人类的一个永恒的问题。特别是在今天高科技的时代，道德滑坡成为让越来越多的人感到痛心和无奈的问题。

一个人有了健康的身体，有了足够应对压力的心理，有了很强的社会适应能力，他似乎能干很多很多事情，但是他干的这些事情不一定都对社会有益、对他人有益，甚至会有害。因此，在有了上述三个方面的健康之后，距离真正的健康可能还有一段距离。这段距离是道德健康的缺失造成的。

现在，在日益增长的犯罪中，百分之八九十是青少年犯罪。这些孩子曾经也是灿烂的花朵，是学习成绩优异的好学生，是同学们都喜欢的好朋友。正是由于道德的堕落，摧残了这些健康成长的花朵！因此，加强对孩子道德的教育，让孩子具备良好的道德素养，是造就一个真正健康孩子的最根本之处。

监护人是孩子最经常接触的人，作为成人社会的代表，监护人的一言一行都会成为孩子效仿的对象。实际上，孩子的道德状况很大程度上是受监护人影响的，很多孩子的坏毛病以及各种不道德的行为和观念，都是从距离他最近的监护人那里学来的。正所谓“言传身教”，正面的就是好影响，而如果父母出口就是脏话，出手就是打人，怎能希望孩子养成好的道德品质？因此，要促进孩子道德的健康发展，监护人首先应该从自己的一言一行做起，做有道德的监护人，让自己的道德健康“润物细无声”地感染孩子，使孩子成为道德健康的人。

孩子的道德养成除了受监护人的影响外，还会受到整个社会道德风尚的影响。因此，作为监护人，还要引导孩子走上良好的道德之路，尽量减少不良道德风气对孩子的侵蚀，而一旦孩子受到不良道德的影响，监护人一定要及时给予纠正。

总之，健康是孩子茁壮成长的基础，是孩子一生的幸福。

为了孩子真正的健康，监护人应该树立“大健康观”，从身体、心理、社会适应和道德四个方面给予孩子全面的健康关注，这才是对孩子健康真正尽职尽责！

案例1 警惕手机上网陷阱

上初中三年级的小琴曾经是家人眼里的乖孩子，老师心目中的老实学生。虽然学习成绩算不上特别好，但对家长言听计从，在学校从不惹事。

为了能让孩子的生活更加丰富，也为了帮助她学习，小琴妈妈为她买了电脑，还配了手机。刚开始她偶尔会在互联网上看到一些性爱的图片，慢慢变得难以自拔。

自从小琴迷上手机色情网站后，她几乎每天都会点击浏览，还会在QQ上与别人交流。正是通过这种方式，小琴在网上认识了一个叫“剑胆琴心”的男孩。两人有了很多共同语言，平时不敢说的话，可以向对方倾诉。渐渐地，他们由网上的相恋，发展到见面谈情说爱，最终控制不住，偷吃了禁果。

没想到，几个月过去后，小琴意外地发现自己怀孕了。她不得不把情况告诉给了妈妈。妈妈爱恨交加地陪同她进了医院。

16岁，原本处于花一样的年龄，还是孩子的小琴被推进了手术室，在触目的手术刀下进行了人流手术。

案例分析

很多监护人为了与孩子联系方便，给他们配备了手机。也有的是孩子自己认为查阅资料方便，让家长给购买的。但随之而来的一些问题是，手机能发短信，能上QQ，能上网，支持的功能太多了。而中学生好奇心强，但自我约束力普遍较差，由于手机发短信等功能具有隐蔽性，很多学生会利用上课时间搞小动作，不是发短信就是玩游戏。另外，现在一些垃圾信息会让他们过早地接触社会上不健康的东西，这对他们的成长极为不利。

最值得监护人警惕的是，有的孩子已经出现了手机涉黄问题，有家长给孩子买了数千元的智能手机，视频播放功能非常强大。有的孩子还带着手机内存卡到附近网吧下载黄色视频，有的则是周末回家下载，然后带回学校宿舍传阅。

可以说，对孩子手机管理得不好，不仅影响他们的学习，甚至会毒害孩子的心灵，乃至造成身心伤害。

中学生使用手机上网带来的危害，除了影响学习成绩外，还会引起学生间互相攀比的不正之风，而且手机里花样繁多的娱乐功能同样是危害他们的毒瘤。监护人除了积极主动地去引导孩子正确使用手机外，最好买一些简单功能的手机给孩子，方便孩子和自己联系即可。

案例2 嫉妒是毒蛇，让孩子远离

小君从小学到初一始终担任班长，学习成绩也很优秀，对班里的工作认真负责。但升入初二后，班里转来一位新同学小志，各方面表现更为突出。他因为待人公正善良，热心帮助同学，赢得大家的喜欢和赞赏。

在一次班干部竞选中，小志不仅凭借自己平时的正直为人，赢得了大家的拥戴，更因为他慷慨激昂的竞选宣言，被大多数同学认可，最后理所当然地被推举为一班之长。小君只是当选了卫生委员。

这一切对小君来说成了他愤怒的源头，现任班长表现越好，他的心理就越是不平衡。于是他工作变得消极，就连上课也不再积极发言，对同学态度更是冷漠了。

他平时还处处观察小志的言行，找他工作做得不妥善的地方，甚至鼓动班里其他同学与小志作对。本来两个人友好的同学关系，因为小君的嫉妒心理而产生了一条深深的鸿沟。

案例分析

嫉妒是条毒蛇，它可以将争强好胜的人吞噬。医学家分析，嫉妒心作为一种不良心理，极易引发心血管疾病。所以有后人推测，三国时的周瑜骄傲自大、心胸狭窄、嫉妒心强，造成了他的心绞痛频频发作，一次次强烈的心理刺激，最终导致他急性心肌梗塞而死。

监护人要教会孩子消除嫉妒心理的方法。

放弃消除法。放弃是最积极的消除法，要看得开一切事物，将自己看得淡薄些，不要期望值太高，这是积极乐观的生活态度。

调整心态法。只要能对自己看问题的视角做必要的调整，从另一个角度全面审视，便会发现自己对别人的嫉妒是完全没有必要的，也是毫无意义的。

开阔心胸法。一个心胸宽广的人，是不会嫉妒别人的。要使自己有一个比较开阔的心胸，必须不断加强自身修养，使自己从经常产生嫉妒的心理中解脱出来。要多向身边那些性情开朗、心胸开阔的人学习。

正确比较法。一般而言，嫉妒心理较多地产生于周围熟悉的年龄相仿、生活背景大致相同的人群中。因此，只有采取正确的比较方法，烦恼情绪就会少。

第六章

让/孩/子/远/离/伤/害

——教孩子学会自我保护

弱小的少年儿童永远是父母心中的牵挂。
娇嫩的花朵易于受伤，你准备好了吗?
他（她）可能因为饮食不当而受伤；
可能因为运动不慎而受伤；
可能因为坏人引诱而受伤；
可能因为危险设施而受伤；
可能……

关注孩子的生命安全

◎遇到火灾怎么办？不是只打119

案例 火灾中会自救

陈先生和妻子走亲戚，留下年仅9岁的儿子小东和侄儿两人在家，不料家中发生火灾，所幸起火时其侄已下楼玩耍，儿子也机智逃生，火灾未造成人员伤亡。

年仅9岁的小东告诉消防战士，父母都外出走亲戚，只剩自己和表弟在家。当时表弟在外玩耍，自己正在楼上写作业，突然闻到了一股难闻的烟味，下楼看见客厅里的烤火箱和沙发燃起来了，由于火不是很大，他跑进洗手间端了一盆水，但没能泼灭火焰。

眼看火越燃越大，浓烟呛得他喘不过气来，便打开房门跑了出来，下楼喊邻居帮忙报警。

案例分析

打火警“119”这是孩子们都知道的。关键报警之后应该怎样做呢？监护人一定要告诉孩子：

发生火灾以后，浓烟很重，看不清楚周围环境。先要冷静下来，辨认逃生方向，朝着明亮处最有利的疏散通道逃生撤离。如果是在高楼层上，要尽可能往下跑，因为火是向上蔓延和燃烧的。

大火燃烧，会散发出大量的烟雾和有毒气体，人们很容易因毒烟窒息而死亡。最简单的方法是用湿毛巾捂住口、鼻，减少烟气的吸入。另一个办法是降低高度，将身体贴着地面匍匐前进。在贴近地面30厘米的空气层中，烟雾较为稀薄。

如果身上着火，千万不要乱跑，因为奔跑会形成风而加大火势。被烧伤者应尽快脱掉燃烧的衣帽，或就地卧倒，在地上滚动熄灭火焰。或用湿棉被、湿毯子等将身体盖起来，使火熄灭。

我们要对监护人说

未成年人的自我保护能力不强，更没有什么实际灭火的知识，即便是成年人，没有受过专门的训练，也不能盲目去扑救火灾。因此，应教导未成年人不要当盲目的英雄。

我国《未成年人保护法》第三章“学校保护”第二十二条规定：学校和幼儿园安排未成年学生和儿童参加集会、文化娱乐、社会实践等集体活动，应当有利于未成年人的健康成长，防止发生人身安全事故。也就是说，让未成年人参加扑救火灾这种自身能力所不及而危险性较大的活动，是法律所禁止的，这也是对未成年人的强制性保护措施。

◎雷雨天户外活动，防遭雷击

案例 只有坏人才会遭雷劈吗？

小雨和爷爷奶奶一起看电视。电视正在播报一则新闻：北大博士生与新婚丈夫爬野长城遭雷击坠亡。小雨问爷爷：“不是只有坏人才会遭雷劈吗？”爷爷说：“不是啊，那只是对做坏事的人的一种诅咒，任何人在户外遇到雷雨天气，如果不注意防护，都有可能被雷击到的。”小雨着急地说：“那我们怎么预防啊？”爷爷拿出一本安全小常识手册，找到相关知识，对小雨详细地讲解起来。

案例分析

监护人应该懂得并告知孩子，当有人遭雷击怎么办：

人体在遭受雷击后，往往会出现“假死”状态，此时应采取紧急措施进行抢救。首先是进行口对口人工呼吸，否则，受害人脑缺氧时间超过十几分钟就会有致命危险。其次应对伤者进行心脏按摩，并迅速通知医院进行抢救处理。与此同时紧急联系救护车辆，就近送病人去医院进一步治疗；在转送病人去医院途中，抢救工作不能中断。

监护人还应该懂得并告知孩子，如何预防遭雷击：如果在户外遭遇雷雨，来不及离开高大物体时，应马上找些干燥的绝缘物放在地上，并将双脚合拢坐在上面，切勿将脚放在绝缘物以外的地面上，因为水能导电。

当在户外看见闪电几秒钟内就听见雷声时，说明正处于近雷暴的危险环境，此时应停止行走，两脚并拢并立即下蹲，不要与人拉在一起，最好使用塑料雨具、雨衣等。

雷雨天气时不要停留在高楼平台上，在户外空旷处不宜进入孤立的棚屋、岗亭等。也不宜进入金属车箱内躲雷雨。不宜在大树下躲避雷雨，如万不得已，则须与树干保持 3 米距离，下蹲并双腿靠拢。在雷雨天气中，不宜在旷野中打伞，不宜进行户外球类运动，不宜在水面和水边停留，不宜在河边洗衣服、钓鱼、游泳、玩耍。雷雨天气不要拨打、接听电话，因为手机的电磁波会引入雷电伤人。

室内也需避雷。打雷时，首先要做的就是关好门窗，防止雷电直击室内或者防止球形雷飘进室内。要赶快离开进户的金属水管和与屋顶相连的下水管等。雷雨天气时，在家里也尽量不要拨打、接听电话，或使用电话上网，应拔掉电源和电话线及电视天线等可能将雷电引入的金属导线。

◎安全乘电梯，学会应对紧急情况

案例 电梯突然坠落别慌张

初中生小银和小国一同乘电梯下楼，两人正在说笑，突然电梯内先是灯灭，然后从 13 楼急速下坠，两人困在其中惊恐不已。小银马上记起曾经看过电视教的乘电梯应对紧急情况小常识，知道这是遇上了电梯断电。他赶快把每一层楼的按键都按下，好在电梯在五楼终于停止了。小国紧紧抱住小银，真捡回一条命的感觉！

案例分析

监护人要教会孩子乘坐电梯时紧急情况的应对：

进入电梯后，如电梯门不能自动完全关闭，按关门按钮也不能完全关闭，就应该赶紧走出轿厢，换乘另外的电梯或走楼梯，并及时向电梯的维修保养部门报修。

如果在轿厢内，轿厢无故停止或不启动，且不能自动打开门，此时应保持冷静，不要采取任何过激的行动，比如，扒门或撞开轿顶天花板上部的安全窗向外爬等。需要连续按压轿厢内操纵盘上的报警按钮，或拿起轿厢内操纵盘上的电话机，根据上面的提示拨号求援；也可以按下操纵盘上的电话按钮，向外部报警求援。最后等待外部专业人员前来救援释放。在专业人员到来进行救援时，一定要通过电话或喊话，听从救援人员的指挥，配合救援人员的行动，以保证所有人员的安全。

电梯突然下坠时，赶快把每一层楼的按键都按下。当紧急电源启动时，电梯可以马上停止下坠。如果电梯里有手把，一只手紧握手把，这样就不会因为重心不稳而摔伤。将整个背部跟头部紧贴电梯内墙，呈一直线。这是为了要运用电梯墙壁作为脊椎的防护。也可以将膝盖呈弯曲姿势，借用膝盖弯曲来承受重击压力。

监护人要告诉孩子乘坐电梯注意事项：

1. 在呼叫电梯时按一次按钮即可，因为按多次并不会加快电梯的速度，反而更容易损坏按钮；不要因等待时间稍长就去拍打按钮或门板，否则会导致电梯突然停止运行。

2. 不顶阻电梯门。当电梯门快关上时，不要强行冲进电梯、阻止电梯关门，切忌一只脚在内一只脚在外停留，以免造成不必要的伤害。

3. 不要踢、撬、扒、倚层（厅）门，电梯超载报警时不要挤入轿厢或搬入物品，不要在电梯内嬉戏玩耍、打闹、跳跃，不要在电梯运行中或关门过程中进出轿厢。

◎心中提防，地震不慌

案例 学习抗震小英雄

四川汶川 5.12 特大地震时，小学二年级学生林浩同其他同学一起迅速向教学楼外转移，未及跑出，便被压在了废墟之下。此时，废墟下的小林浩表现出了与其年龄不相称的成熟，身为班长的他在废墟下组织同学们唱歌来鼓舞士气，并安慰因惊吓过度而哭泣的女同学。经过两个小时的艰难挣扎，身材矮小而灵活的小林浩终于爬出了废墟。

9 岁的小林浩没有惊慌地逃离，而是再次钻到废墟里展开了救援，经过艰难的救援，小林浩将两名同学背出了废墟，爬出废墟后，由于通讯中断，小林浩同在外打工的父母失去了联系，焦急的小林浩同 14 岁的姐姐和妹妹一起在映秀镇滞留了两天，14 日，他们三人同其他乡亲一道，经过 7 个小时的艰难跋涉，走小路逃出了震中映秀镇。

案例分析

监护人要告诉孩子，当地震来临时：

1. 如果住在平房里，应迅速跑到屋外躲避，尽量避开高大建筑物、立交桥，远离高压线及化学、煤气等工厂或设施；来不及跑时可躲在桌下、床下及坚固的家具旁，并用毛巾或衣物捂住口鼻防尘、防烟。2. 如果住在楼房里，应选择厨房、卫生间等开间小的空间避震；也可以躲在内墙根、墙角、坚固的家具旁等容易于形成三角空间的地方；要远离外墙、门窗和阳台；不要使用电梯，更不能跳楼。3. 尽快关闭家里的电源、火源。4. 如果正在教室上课或在公共场所活动时，应迅速抱头、闭眼，在讲台、课桌、工作台和办公家具下边等地方躲避。5. 万一身体遭到地震伤害时，应设法清除压在身上的物体，尽可能用湿毛巾等捂住口鼻防尘、防烟；用石块或铁器等敲击物体与外界联系，不要大声呼救，注意保存体力；设法用砖石等支撑上方不稳的重物，保护自己的生存空间。

我国有过地震并没造成任何破坏，但惊慌失措的人们互相拥挤踩踏造成重伤甚至死亡的教训。

所以要提醒孩子，地震时切忌惊慌！我们感觉到的地震，大多数是有感、强有感地震，少数能造成轻微破坏，造成严重破坏的地震是极少数。因此，当遇到地震时切忌恐慌，要沉着冷静，迅速采取正确行动。特别在高楼和人员密集场所，就地躲避最现实。

◎游泳需当心，防止溺水亡

案例 夏天游泳要警惕

小学三年级学生小山、小林、小辉和小聪四人相约去本村果园旁的一山塘边抓小鸟玩。

他们在山塘边的草丛里和土洞里寻找小鸟，但时间过去了大半个钟头，仍未抓着。此时天气炎热，酷暑难奈，小辉与小聪忍受不了，就先回家了。

临近天黑，小山、小林的家人见小孩仍未回家吃饭，便满村寻找，后从小辉、小聪二人那里得知各自的小孩去果园旁的山塘边玩，就沿着果园一路找来，当家长们找到山塘边，见塘边放有小孩的衣裤和鞋子，人却不见踪影，顿时大惊失色，接着便撕心裂肺地哭起来。

警方接到求助后，立即赶到现场施救，警员克服了入夜的山塘水冰冷刺骨等困难，多次潜入四五米深的塘里，后来找到其中一名小孩的遗体。

案例分析

监护人要告诉孩子，当有人溺水时：

1. 如果有人溺水，你会游泳，应游到溺水者后方，用左手从其左臂和上半身中间握对方的右手，或拖住溺水者的头，用仰泳方式将其拖到岸边。还要注意防止溺水者抱住不放，影响急救。万一被抱住，急救者应松手下沉，先与溺者脱离，然后再救。或向后推溺者的脸，紧捏其鼻，使其松手，接着再救。2. 如果你不会水时，应立即用绳索、竹竿、木板或救生圈，使溺水者握住后拖上岸来。3. 现场无任何救生材料，应即时高声呼叫他人求助。

为避免儿童溺水事件的发生，监护人还要加强暑期儿童的人身安全监护措施，同时提醒孩子不要擅自到水库、池塘等水域游泳，即便游泳时也必需有救生设施和熟悉水性的成年人陪护，到游泳馆游泳需有专业救生人员陪护。

◎乘坐公交别大意，安全事项要记牢

案例 乘车前后都要注意

周一，初一学生小明回家，怀着沉重的心情告诉爸爸妈妈，自己班上的一名住校女生周末乘坐长途汽车回家，下车后，从车前向马路对面猛跑，结果被一辆疾驰而来的汽车轧死。全家人都为这个同学惋惜。

案例分析

监护人一定要告知孩子乘坐公交车的安全与注意事项：

乘车前：

不要在马路上挥手叫停公交车；在车站等车时，看见汽车即将进站，千万不要随人流拥挤，因为你还是个孩子，和成年人的力量比起来相对较弱，最好先离开汽车一段距离，等人流拥挤完再上车，以免碰伤。

选择好自己要乘坐的公交车线路，到公交站亭处排队依次上车；候车时，一定要排队，等汽车停稳后再上。如果人多拥挤，就等别人上完后再上，或者等下一班车。

乘车中：

上车后不要挤在车门边，往里边走，见空处站稳，并抓住扶手，头、手、身体不能伸向窗外，否则容易发生伤害事故。在没有座位时，不要站在车门边，要抓紧车上的扶手，以免紧急刹车或拥挤时摔倒或车门突然打开时被甩出车门外

不要在车内吃用竹签或其他金属物串联的食物如羊肉串等；不要将头和手伸出窗外，防止被车外的东西刮伤或划伤，比如反光镜、树枝、建筑物等。更不能在车上掏耳朵或咬舌头。

下车后：

下车时不要着急，要带好自己的随身物品，等车停稳后按顺序下车。在走出车门前，要仔细看看左右是否有通行的车辆，千万不能急冲猛跑，以免被两边的车撞倒。下车后不要急于从自己所乘车辆的前面或后面穿越横过马路，一定要等车驶离后再过马路。

常见病症的处理

◎外伤

少年儿童爱玩好动，又不知道保护自己，无形中增加了许多身体受伤的机会。监护人需特别注意。

- 鼻出血：头向后伸，用手指捏住鼻头，如果是一边鼻孔流血，举起相反一侧的手臂，再用毛巾冷敷。
- 割伤、划伤：压住伤口止血，如果伤口很大很深，就要把受伤部位抬高，高于心脏，冷敷止血。并且帮孩子洗净伤口（用温水、肥皂），用碘酒或酒精消毒后搽药（如云南白药）或贴上创可贴。如伤口不好清洗或血流不止，就必须上医院。
- 撞伤、碰伤：不要服止疼药，不要用手揉肿起的部位，以免增加内出血的机会。并请家长朋友注意，最近科学研究发现涂抹红药水会增加患癌症的机会，所以孩子的皮外伤最好换用别的药。
- 迷眼：当孩子眼中有异物时，让其尽量睁大眼睛，眼睛一般会自动流泪，顺势将异物冲走。
- 眼外伤：如眼睛受到石块、树枝等的撞击或因突然跌倒眼边撞到钝物上，导致眼球受伤，轻微者休息几天即可痊愈，重者如有眼球裂伤或出血，应及时送医院治疗，并应在角膜上涂抗生素软膏，避免感染。

◎烧伤、烫伤

案例 油锅着火怎么办

初二学生小丽的爸爸妈妈出差了，表妹小洁来与她做伴。这天，小丽要在小洁面前露一手，给表妹做西红柿炒鸡蛋。当鸡蛋炒好后，小丽又在锅里倒上油。这时手机响了，小丽赶紧接听。

不料，锅里的油着了起来，火苗“忽”地一下窜出老高。

在一旁的小洁急忙要接水往油锅里倒，小丽拦住她，立即关闭燃气灶阀门，抓起旁边的锅盖盖在锅上面，火一下就灭了。小洁对小丽佩服地说：“你这个办法真灵啊！”小丽不无得意地说：“那当然，这是物理老师告诉我们的。他说燃烧的两个必要条件，一是达到燃烧值，二就是要有氧气。”小洁说：“不过，你炒菜的时候接听手机也够危险啊，以后可得注意了，应该先把火关上啊。”小丽连忙称是。

案例分析

油锅着火时应该怎么办，监护人要教会孩子基本方法：

窒息法。用锅盖或能遮住锅的大块湿布、湿麻袋，从人体处朝前倾斜着遮盖到起火的油锅上。

冷却法。如果厨房里有切好的蔬菜或其他生冷食物，可沿着锅的边缘倒入锅内。

还可以抓一把盐撒在油锅里。有条件的话，也可用干粉灭火器扑救。

监护人一定要提醒孩子：千万不能用水来熄灭油水。当冷水遇到高温热油时，会形成“炸锅”现象，引起油火飞溅，从而更容易造成火灾或身体上的伤害。

灭火同时关闭抽油烟机，因为抽油烟机向上抽的风力极易把火苗引到抽油烟机上，而抽油烟机上往往有许多油垢，这会加大火势。

倘使先来个釜底抽薪，把着火油锅下的柴草撤掉弄熄，或把煤气、液化气阀门关掉，而后再灭火，效果会更好。

生活当中，由于孩子缺少生活经验，被油、水、蒸汽烫伤的情况时有发生，作为监护人应当尽量少让未成年人参加有可能受伤的活动，平时多教给他们使用锅、炉等器具的正确方法，减少受伤机会。未成年人一旦受伤，家长应当这样做：

首先判断受伤的轻重程度，如发现受伤的部位疼痛，则多为轻伤，用流动的水缓慢冲洗 10 分钟左右，不必包扎。

如果受伤的部位呈深红色，且感觉不太疼痛，则多为重度烫伤，此时不必采取任何措施，直接敷上干净的布去医院急诊，如果伤处有破损，不能用棉花或带毛绒的布包扎。

如果是大面积烫伤，应该趁伤处没有肿起来之前将衣服鞋袜脱掉，如果不方便脱掉，可以剪开。

如果未成年人被火烧着，迅速灭火是急救的基本原则。被烧伤者应尽快脱掉烧着的衣服，或就地迅速卧倒，在地上滚动熄灭火焰。记住切莫乱跑，以免身上的火越烧越旺；也不要呼喊，以免吸入火焰引起呼吸道烧伤。

烧伤后的处理：先清除创面及其周围的异物，创面周围正常皮肤用肥皂水清洗，创面则用清水或生理盐水冲洗干净，除去脱落的表皮。小水泡可自行吸收，不必处理。较大水泡可用无菌注射针抽空，或剪一小口，使渗液流出。

◎晕车、晕船、中暑

案例1 晕车、晕船可预防

小可平时去奶奶家都是坐长途汽车，没有晕过车。这次爸爸刚买了私家车，兴致勃勃地带她和妈妈去奶奶家。没想到刚走了一段路，小可就突然感到恶心，想吐，于是妈妈急忙给她喝了晕车药。可是已经晚了，药已经不管用了。大约吐了五六次后，估计没食物可吐了，竟然吐起了水。一路上，小可难受极了，苦不堪言，简直就是死去活来，多亏一路上还有妈妈的悉心照顾，要不会更惨。

案例分析

晕车、晕船在医学上称为晕动症。主要是因为在乘车、乘船及乘飞机时，身体受到震荡，管理身体平衡感觉的内耳前庭神经功能暂时失常所致。当看到剧烈动荡的物体或闻到汽油味时，更容易诱发。

当未成年人晕车、晕船时，应让患者坐在或躺在车、船震动摇晃轻微的位置上安静休息。并嘱其眼望远处或凝视车、船内固定物体，不要探视窗外移动的景物，或闭目休息。尽可能将头部固定，少动。束紧裤带，减少内脏震荡，也可以减轻症状。

车、船内注意通风，尽量减少不良气味；司机操作时应尽量保持车、船平稳运行，要慢启动，避免或减少刹车。

案例2 夏日炎炎，防中暑

炎热的夏天，小华在体育场上踢足球，玩得正高兴，突然他觉得自己身上的汗越来越多，感到头晕目眩并且口渴，同学们连忙跑过来，发现小华脸色苍白、四肢无力的样子，都吓坏了，连忙把校医找来，校医说，小华这是中暑。

案例分析

中暑是由于在高温、高湿、通风不良的环境下，体温散发困难引起的体温调节功能障碍；由于出汗过多引起人体水电解质平衡紊乱；或由于暴晒头部引起的脑功能紊乱的一种急性疾病。一般气温超过34摄氏度就有中暑的可能，应注意预防。若发生中暑，迅速将中暑的未成年人移置通风阴凉处，并让其饮用含盐的清凉饮料；解开衣服，救护措施：用冷水擦四肢、腋下、颈前、后背等处，尤其要在头部冷敷，使头部迅速散热以保护中枢神经系统的功能。口服十滴水、藿香正气水、人丹，额部涂清凉油。

如果是重度患者，应立即送医院进行治疗。

◎警惕宠物伤害

案例 养宠物需注意什么

隆隆家里养了一条小狗，这是妈妈从宠物市场买回来的。据说是德国纯种小狮子狗，花了不少钱。隆隆可喜欢他们家的新成员了！放学后，第一件事就是去逗狗玩，久而久之，小狗和隆隆也建立了感情。

这一天，隆隆想逗一逗它，可没想到，隆隆刚想伸手摸摸它的毛，小狗突然很有敌意地狠狠咬了隆隆一口，疼得隆隆大哭起来。到医院包扎后，医生说，还得打狂犬疫苗，防止以后得狂犬病。隆隆再也不敢随便逗狗玩了。

案例分析

目前，各个社区养狗的人越来越多，未成年人出外活动时被狗咬伤的现象也时有发生。那么被狗咬伤后如何打狂犬疫苗，监护人应该注意什么呢？

人被狗咬伤之后，越早注射疫苗越好，最好是在24小时之内，但不是任何医院都有注射狂犬疫苗的条件。所以，监护人首先应该知道到什么地方注射，以免延误时间。因为不仅一般医院没有注射狂犬疫苗的条件，而且注射疫苗的医生还要经过严格的培训才能持证上岗，所以承担注射狂犬疫苗的医院是卫生部门指定的，监护人应该事先知道哪家指定医院距离最近，这样才能尽快接种。

在到医院注射疫苗之前，监护人还要学一些紧急处理知识。比如首先要用肥皂水或大量流动的清水冲洗伤口20分钟左右，还要将伤口里的血挤出来，也可用醋或白酒冲洗。伤口冲洗后不要包扎，因为狂犬病病毒喜欢密闭的环境。

另外，监护人应注意的是，孩子被狗咬伤或抓伤之后，即使没流血也要及时注射疫苗。如果自家养有宠物狗，最好不要让孩子和狗太亲近，如果孩子身上原有的伤口没有愈合，被狗舔了之后也可能感染狂犬病病毒。

现在家庭里的宠物种类也越来越多，已不限于狗和猫这类普通品种，人们开始养蛇、蜥蜴、乌龟，居然有一个外国妇女在家里的后院养了一只老虎作她的宠物！

宠物有时给未成年人造成的伤害不仅仅是肉体上的，也有可能是精神上的。有的同学过分迷恋宠物，不跟家长和同学交流，只把宠物当作自己的知心朋友。长此以往，发展为不健康心理，不懂得这个世界上人是最美的，甚至还会变得行为怪异。

养宠物的目的是为生活增添一点乐趣，同时也有保护动物的目的，但不是把养宠物作为自己闲暇生活的全部。宠物应该是美丽可爱的，或者是健康有益的动物，凶猛丑陋的动物最好不要拿来做宠物。逗弄宠物时，不要让孩子故意惊吓它，防止被它伤及。

告诉孩子，抚摸宠物时（特别是狗和猫），要手心向下轻轻抚摸，不要手心向上，否则它会以为你要伤害它。孩子被宠物咬伤后，要及时诊治。

家居设施隐患

◎注意家中的不定时炸弹

案例 正确使用高压锅

小文放学跑回家，因学校里有事，他想吃完饭早点回学校去。妈妈说：锅里做的稀饭，刚关上火，还得等会儿再吃。“小文说：“等不及了。”说着就去开拿压力阀，居然一点气都没冒。小文就去开锅盖，怎么也打不开。于是，他用尽吃奶的劲儿去掰锅盖。只听一声巨响，高压锅爆炸了，滚烫的稀饭直冲屋顶。

再看屋里，满墙、满屋顶都是稀饭，玻璃窗被震碎了，一块块“碎弹片”从窗户里飞出去。高压锅的盖子已经炸飞了，锅底成了“麻花状”。伤的最重的是小文，头被“弹片”炸破，牙被炸掉了三颗，小文妈妈的手脚也被烫伤了。

案例分析

高压锅是依靠严密的密封系统在锅体内形成一个高温高压的环境，从而使食物迅速成熟。但如果使用不当，极易造成事故。

如果家中使用高压锅，监护人一定要告诉孩子使用方法以及注意事项：

使用前详细阅读产品说明，详细检查锅盖和锅身密合处以及胶圈是否干净，不要让杂物残留在那里，以防漏气。另外，要检查锅盖的通气孔是不是通畅，安全阀是不是完好无损。使用过程中，不要触动高压锅的压力阀，更不要在压力阀上加压重物或者打开锅盖。要注意锅内食物和水的数量，锅里的东西不能放得太满，一般不能超过锅身的3/4，否则水开了就会把排气孔和安全塞堵住，从而发生事故。饭菜做好之后，不能马上取下压力阀或者马上打开锅盖，要等锅里的高压热气降温降压后才能取阀开盖。

若发现压力阀不排气，有可能是锅盖的通气孔被锅内的食物堵住了。这时应立即关火，把锅放在凉水中降温，直到可以轻松打开锅盖时为止，然后要在水龙头下冲洗锅盖上的通气孔，排净堵塞物。

◎安全用电——永远的话题

案例 给孩子讲解用电常识

小刚是个调皮的孩子。那天，他拿着一个镊子玩，突然看到了家里的电插座，就想知道到底这个插座能有多深。他刚把镊子插进去，顿觉手臂被什么东西狠狠地击了一下，又酸又麻。从此以后，小刚知道了电的厉害，再也不敢乱动乱摸了。

案例分析

电是我们生活中离不了的朋友，但如果利用不当，电也会变成老虎，把人击伤甚至致人丧命，监护人一定要慎之又慎。

对于学龄前儿童，监护人应保证家里的所有电源插座都是他力所不及的，可以安装在较高的地方或装上防护盖。

因为水是导电的，教育孩子不要用湿手接触电线、电源插座等一切带电的东西，也不要用湿抹布去擦拭电器、电源插座等。

家里的保险丝坏了，告诉孩子不要自己去修，同时不要用铜丝、铝丝等代替保险丝。教给孩子当有人触电时基本的救护措施，如先切断电源，用木棍等绝缘体挑开电线、帮触电者离开电源等。不要在电线上晾晒衣服，不要将电线扯来扯去，以免损坏绝缘皮而增加触电的危险性。

◎预防煤气中毒

案例 7岁女孩挽救了父母性命

深圳，7岁小女孩儿袁媛的爸爸在工作时不小心扭伤了脚，行动很不方便，每天睡前的换药、泡脚都要妈妈来帮忙。在浴室，妈妈打开热水器，因为天气寒冷，她顺手将窗户也关上了，妈妈一边为爸爸揉着脚，一边和他聊天。

客厅里的小袁媛，一直在专心写作业。半小时后，她写完了作业，想让妈妈签字。她来到浴室门口，听见里面传出“哗哗”的流水声，敲了敲门，父母没有吭声。有些紧张的袁媛赶快用力推开门，浓烈的煤气味夹杂着水蒸气向幼小的她袭来。透过浓浓的水蒸气一看，眼前的一幕把小袁媛吓呆了：平时宠爱着她的父母，双双晕倒在小小的浴室里。

看到爸爸妈妈一动不动，小袁媛让自己镇定下来。她想起两个月前，老师在课堂上让三名同学表演的名为《液化气中毒该怎么办》的小品。迅速跑到煤气阀前，关掉了煤气开关；见浴室的窗户太高，自己无法够到，她就找到一个晾衣架，捅开了窗户，以便空气流通；随后，小袁媛又想到打110报警、拨120向医院求救，可当她拿起爸爸的手机准备拨号的一刹那，突然想到老师讲的残存的煤气遇到看不到的火花也可能会引起爆炸时，就立刻拿起手机跑到了门外。

“叔叔，我爸妈煤气中毒昏了过去！你们快来救救他们吧！”“赶快关掉煤气！慢慢打开窗户！”“煤气我已经关掉了，窗户也打开了。”“位置？位置？”“荔园新村14栋502房！”随后，小袁媛又迅速拨打了120，准确地说出了家庭地址。3分钟后，南山区派出所的民警和南山医院的救护车先后赶来了……

案例分析

年仅7岁的小袁媛用自己的冷静与机智挽回了父母的生命，就是因为她在学校学过防护知识，遇到危险后能够及时应用。

监护人一定要自己懂得并向孩子介绍有关常识：

燃气热水器是现代家庭常见的电器，通过对历年来热水器造成人身伤害的分析表明，引发事故的主要原因：一是产品质量差，导致燃气跑、冒、漏；二是安装不科学，没有将燃气热水器和沐浴水龙头隔室安装；三是使用不得法，不能使空气对流，废气不能及时排出。

当家里有人不慎煤气中毒（包括煤烟中毒）后，正确的急救措施是：赶紧开窗通风，并注意不要让自己吸入过多的煤气，最好用湿毛巾堵住自己的口鼻。因为一氧化碳吸入足以让人窒息乃至死亡。

赶紧切断煤气来源。送患者去医院，用最快的方式。在等车来时将中毒者赶紧移到通风阴凉的地方，注意为其保暖。如果房间里煤气浓重，不要按门铃或者打电话，以免引起爆炸。

◎知道吗，电风扇可能会造成面瘫

案例 都是风扇惹的祸

一名妈妈带着8岁的女儿来到医院儿科就诊，医生发现孩子的嘴巴、眼睛好像有点歪。接诊的儿科主任医师经过检查，确诊孩子的半侧脸面瘫了。

该患儿是由于长时间电扇直吹导致的面瘫。

孩子刚开始耳下方痛，后来出现左脸没有表情，左眼不能完全一下闭合，还会流眼泪，嘴向右歪。妈妈赶紧带她来到医院。

案例分析

电风扇是人们夏日乘凉的好帮手，可以加强室内通风，防暑降温；并且还可加快室内空气的对流，从而排除室内的污浊空气，有益人体健康。但是电风扇如果使用不当，也可能成为我们的敌人。

夏天人们容易出汗，人在出汗时，最明显的表现是面部温度会升高，面部潮红、汗流量增多。这时如果突然用电风扇的凉风来吹，会将头面部的汗水很快吹干，面部皮肤的温度会一下子降低，使得面部神经周围的血管发生变化，造成面部神经的缺氧、缺血。在这种情况下，面部神经极可能出现肿胀，这种肿胀反过来又会压迫面部神经，使之出现严重生理功能障碍，患上面部神经麻痹的病症。

面部神经麻痹是一种很难治愈，极易留下后遗症的疾病。严重时，人的面部表情肌几近瘫痪，连正常的喜怒哀乐都难做到。人变得神情呆滞、面部反应迟钝，连嘴都无法闭紧，口水会不受控制地淌出来；眼睛也不能闭合，闭眼的时候眼珠转向上方，露出白色的虹膜，还动不动流眼泪。想想看这有多可怕！

我们要对监护人说

未成年人在吹风扇之前，应该先把身上的汗水擦干，不要一下子把风扇开得过大；不要让风扇直接吹你的头和脸，不要在风扇前待太久，睡觉的时候一定要记住将风扇关掉。

另外，电风扇的摆放位置也有讲究，一般应把风扇放在房间的内侧墙角。电风扇位置与人的距离也应适当，300 毫米电风扇与人的距离不应小于 1 米，350 ~ 400 毫米电风扇与人的距离应不小于 1.5 米。

◎注意化妆品的潜在伤害

案例 不要让孩子使用成人化妆品

圆圆是个爱美的漂亮小姑娘，看到妈妈每天往脸上涂抹东西，觉得很好玩。一次，趁妈妈没注意，偷偷抹了妈妈的化妆品。没想到，抹上后，觉得脸上奇痒难耐，第二天，竟然起了一层小红疙瘩。妈妈了解情况后，赶紧带她到医院看皮肤科。

案例分析

医学研究认为，正处在生长发育时期的儿童，皮肤十分娇嫩，角质层薄弱，皮下血管极为丰富，因而与成人相比儿童对外界刺激抵抗力差而皮肤吸收能力强。

成人化妆品，不论成分或浓度或卫生标准，均与儿童化妆品有很大的差别，如：据《化妆品卫生标准》规定，对儿童化妆品使用的原料控制十分严格，要求原料配方既无刺激性，又不能有过敏反应；成人化妆品中的水杨酸及其盐类、腈基喹琳及其盐类、六氯酚等添加剂等都是禁用的；另外，儿童化妆品的卫生要求也比成人高，《化妆品卫生标准》明确规定，一般成人化妆品的细菌总数不得超过每克 1000 个，而儿童化妆品则细菌总数不得大于每克 500 个。可见成人化妆品与儿童化妆品，不论原料还是卫生标准均差异甚大。

儿童涂成人化妆品，由于皮肤薄，皮下血管丰富，吸收能力明显强于成人，因而有害物质容易被吸收，有害物质更容易被多吸收；本来成人化妆品规定的有害物质浓度比儿童化妆品就高数倍，加上多吸收数倍，有害物质吸收比成人起码会大量增加，同时，再加上儿童禁用的成分，可见儿童吸收的有害物质非常大。

儿童机体免疫功能发育不完全，肝脏解毒能力和肾脏排泄能力均比成人弱，更容易损害脏器，危害儿童身体健康。为此，请年轻的父母们在打扮小孩时，不应给孩子涂抹成人的化妆品。

我们要对监护人说

少年儿童不宜选用成人化妆品。有的家庭一家人用同一种化妆品，这种做法很不恰当。一种化妆品不可能适用所有的人，男女有别，成人和儿童也应分开用。

分季节更换使用的化妆品：夏季最好使用低油脂和水质的化妆品，因为夏季比较容易出汗，这种化妆品不会堵塞毛孔，使油脂难以分泌；冬季容易干燥，则最好选用油包水型的香脂类化妆品。

买化妆品不要图便宜，应尽量选择质量信得过的产品，不一定追求名牌，但不要随随便便买来给自己造成麻烦。

不要选用带有激素的化妆品，如市场上的脱毛剂，十有八九含有激素。为了防止使用化妆品过敏，最好在买来后先进行过敏测试。方法是将化妆品涂在前臂内侧皮肤上，盖上纱布，并贴上胶条加以固定，观察一两天后，如无过敏反应，方可使用。

◎安全使用手机

案例 手机变炸弹，了解原理好预防

马上要读高中的小威让父母给买个手机，妈妈说：“我昨天刚看到一则新闻，说广州有家电脑专卖店内怀疑发生一起手机爆炸事件，店内一名20来岁的外地年轻男子颈部大动脉破裂，当场死亡。他当时正在店内上班，左胸前口袋内放置的自用手机突然爆炸引起惨剧。手机电池的品牌和来源未能确定，具体情况警方正在调查中。”儿子说：“这种情况太少了啊，也不能因为这个原因就不给我买手机了吧。”在一旁的爸爸说：“即使给你买了手机，你也要注意使用安全啊。我们一定要买正规厂家的，尤其是配备的电池一定要好。”

案例分析

先了解手机电池为何会爆炸：

电池本身原因 由于电池内部缺陷，电池本身在不充电、不放电的情况下爆炸；

电芯长期过充 锂电池在特殊的温度、湿度以及接触不良等情况或环境下可能瞬间放电产生大量电流，引发自燃或爆炸；

短路 这种可能性较小。另外，消费者将手机放在高温或易燃物品旁，也有可能引起爆炸。

监护人要提醒孩子如何防止手机变炸弹：

一定要用原厂电池；不要随意改装手机；尽可能使用原装充电器；不要将电池放在高温环境下。高温会导致电池热量提升，这时极容易爆炸，所以我们对电池进行充电或是放置手机时，一定要选择远离高温的地方，同时也要避免夏天阳光的直射；不要使用破损的电池；不要长时间通话；在充电时尽量不要打电话；不要将手机挂在胸前；尽量将手机放在包里；多用耳机接听电话。

防人之心不可无

◎学会对陌生人说“不”

案例 时刻提高警惕

露露是个听话的孩子，爸爸妈妈上班比较忙，没时间接她，家离学校不远，于是露露提出自己回家，爸爸妈妈也觉得没什么，叮嘱她别在外逗留，一放学赶紧回家。露露平常总把钥匙挂在自己的脖子上，今天也不例外，她没注意到，一出校门，就有一个人盯上她了。

终于，在露露经过一家杂货店门口的时候，那人赶上来笑眯眯地说：“露露，我是你爸爸的同事，他让我到学校找你，到你家取一份材料。你爸爸忙，没时间自己来取。”露露疑惑地看着这个从没见过的人，心想：爸爸妈妈平时经常叮嘱不要轻信陌生人的话。这个人说爸爸让他来取东西，可爸爸为什么不给他钥匙呢？她越想越觉得这人可疑，聪明的露露镇定地说：“好吧，不过我先买点东西。”说着进了路边的杂货店，杂货店老板是个善良的大婶，露露悄悄地对大婶说：“大婶，外边那个人说是我爸爸的同事，要跟我去我家，你说怎么办？”大婶问明原由，对露露说：“别着急，你带着他往居委会走，我给居委会打电话。”

露露没有带着那人去自己家，而是七拐八绕地到了居委会，露露专拣人较多的地方走，以防坏人挟制她。大婶早已给居委会打了电话，没等那人明白过来，就被人给捉住了。一审问，这人果然是个惯犯，专门骗独自放学回家的小孩子，到别人家里抢劫钱财的。

案例分析

露露机智警惕，不轻信陌生人的话语，并会借机求助，从而避免了受害，非常值得孩子们学习。

我们要对监护人说

我们的孩子天天面对可能出现的危险，作为监护人应该做些什么呢？监护人也不可能时时不离孩子左右，因而形成孩子保护自己的意识是最重要的：

钥匙不要挂在脖子上，这往往成为坏人跟踪的目标。开门前，先看看左右，确信无人后再开门。最好不要将未成年人独自一人留在家里。假设迫不得已将孩子独自一人留在家里，叮嘱孩子无论什么情况都不要给陌生人开门。当有陌生人问路时，如果是在闹市，可以放心地告诉他；如果陌生人要求你上车或带路，一定不要答应；在偏僻的地方有陌生人问路时要离他远一点。不要相信一切自称是你爸爸妈妈同事的陌生人。有可能的话，尽量结伴同行。

◎路遇偷窃、抢劫怎么办

案例 不要盲目与小偷较量

小兰是个聪明机智的孩子，有一天她坐公交车回家，刚上车，就觉得有一个人特别可疑，他的眼睛贼溜溜的，老是盯着别人的腰部和背包，并且一有机会就往别人的身上靠，太像人们通常所描绘的小偷了。小兰小心地盯着他，只见他从拥挤的人丛中挤过，紧紧地贴在一个中年男子的旁边。

小兰紧张极了，她想起老师说过：小偷心虚，在人多的地方大声喊叫可以引起周围人的注意。正当小偷将钱从中年男子的口袋里掏出来的时候，小兰鼓起勇气大声喊叫起来。人赃俱获，车上的人都愤怒地谴责小偷，司机当场决定将车开往公安局，将小偷交给警察来处理。

案例分析

小兰的做法是正确的，在公共场所发现小偷，最好的办法就是向公安人员或保卫人员举报，如四周没有公安人员或保卫人员，也可向周围群众呼救，得到群众的支援。

监护人应告诉未成年人，如果在公共汽车上发现自己的钱包不翼而飞，要马上告诉司机或售票员，求得他们的帮助，这时不要打开车门，不要放任何一个人下车，应直接将车开往公安局，请公安人员解决。与此同时，应密切注视是否有人往地板上或车窗外扔东西。

在其他公共场所如商场丢失钱包等物，要立即向当地派出所报案。报案时要把自己失窃的物品、钱数、自己的行走路线、钱物丢失的大致时间等详细告诉公安人员，并留下自己的学校名称、住址、电话，以便公安人员有线索后及时联系。

我们要对监护人说

为了不使未成年人受到伤害，应告知未成年人，当在家中发现小偷时，一定不要盲目跟小偷搏斗，这是不明智的做法。如果小偷暂时没有发现自己，应赶快跑出门去呼救，最好能顺手将小偷反锁在室内。在情况比较危急的情况下，突然放大电视音量、猛然将花瓶掷于地上或者跑到阳台上呼救也不失为可取的做法。也可跟邻居定好暗号，万一有什么事情，可以得到救援。

监护人应该明白，我们的宗旨是尽量保护未成年人，使其免受伤害。抢劫、勒索也是在校未成年人经常遇到的麻烦。一些社会上的地痞流氓，包括校内的一些不良学生恃强拦路、抢劫财物。给未成年人的生活带来很大的不安定因素。

遇到这种情况时，告知未成年人千万不能惊慌失措，因为这些坏人多半欺软怕硬。应该镇定地与之周旋，如果周围人较多，大可不必怕他们，义正词严地拒绝他们的无理要求是最明智的做法，并可以高声疾呼，寻求他人的帮助。假使是在偏僻之处，情况就不同了，这时不能蛮干，如果惹恼了他们，说不定会遭到身体上的伤害。应该隐忍而行，可先把财物交给坏人，脱身后立即报案。

◎远离迷信，谨防上当受骗

案例　算命不可信

晓军从小体弱多病，妈妈听人说应该找个人算算命，看看这孩子是否“命不硬”。妈妈就带晓军到了一个算命先生家，算命先生说晓军有人“克”他，找个干妈就好养了，妈妈赶紧找了一个年龄适宜的人作晓军的干妈。谁知没什么用，晓军还是整天病殃殃的，妈妈无奈，只好请教大夫。大夫说：你的孩子是因为长期挑食造成的营养不良，认干妈怎能解决问题呢？改掉孩子挑食的毛病，让孩子多加锻炼才是根本。

案例分析

在我们国家，封建思想的残毒依然存在，好多人依然相信算命、风水先生、巫师那一套。这些迷信的东西之所以存在，是利用了人们对神秘力量的好奇心理。监护人自己一定要坚信迷信都是有百害而无一利的东西，才能正确引导未成年人。

未成年人好奇心强，见到新鲜事总爱凑热闹，因此比较容易上当受骗。这些江湖术士往往三言两语就套出了未成年人的大体情况，然后装作神秘莫测的样子，胡乱吹一番。

另外，还有一些骗子利用人们爱贪小便宜的心理，在学校附近设赌局，或设抽奖活动骗取未成年人的钱财。这些活动实际不会有任何奖项，也不会让你赢钱，纯粹是骗人的勾当。他们的伎俩通常还有：

在路上拦住你，以兑换货币凭证，出售“贵重”物品等方式，在交易中造成让受骗者占便宜的假象。在人流拥挤的地方，通常是车站或商场，可怜兮兮地告诉你自己没钱回家，请你接济一点。

……

我们要对监护人说

请您给未成年人树立榜样，自己不为术士们的花言巧语所迷惑，不贪图小便宜。未成年人对付江湖术士和骗子最好的办法是不予理睬，如果对方仍旧纠缠不休，可以向路人求助，还应该及时向教师或附近民警报告，让这些骗子及时得到惩处。

◎防范“大灰狼”，抵制性侵扰

案例 女孩学会保护自己

刚上初一的小亚，放学回家后，气愤地对爸爸妈妈说了今天在学校的遭遇：作为英语课代表，小亚下午第三节课后，去给老师送同学们完成的作业。

她刚走进办公室，英语王老师就随手把门关上了，还碰上了锁。当小亚把作业本放到桌子上后，王老师就从后面搂住了她。王老师一改往日严肃的态度，言谈轻浮、讲着一些出格的语言，而且还开始动手动脚。他一面嘴里说着不三不四的话，一面用手在她的胸前摸来摸去。小亚想起了妈妈曾经告诉过自己的话：背心、裤衩覆盖的地方不许别人碰，更不许男人乱摸。她当即就使劲推开了王老师并当即警告王老师说：你这样不尊重学生，我要告诉家长和校长，说着不顾王老师的威胁，强行打开门跑了出去。

听了女儿的反映，小亚的爸爸妈妈怒不可遏，立即向学校反映这一情况。学校在了解和调查事实后，对王老师做出了严肃的处理。

案例分析

监护人应该首先告诉女孩子要知道自己身上有哪些敏感部位。比如身体前面胸部就比较敏感，再往下也属于敏感部位，还有后背也比较敏感。

然后告诉孩子，当有异性触摸你的这些敏感部位时，他就是在对你进行性骚扰。面对形形色色的性骚扰，女孩应当像警惕性高的小亚这样，积极行动起来，勇敢面对，采取措施坚决抵制。不要一味退缩，哪怕他是自己的老师或长者，也不要害怕。

千万不要惧怕他们的要挟和讹诈，也不要怕他们打击报复，要学会依靠组织和运用法律武器保护自己。遇到此事时，注意千万不能“私了”，其结果常会使坏人得寸进尺，没完没了。

告诉孩子，在第一次受到性骚扰时，就应当向对方明确表明态度，这种态度的表明方式，可以是无声的断然拒绝，也可以是声色俱厉，要求对方检点自己的行为。

监护人一定要告诉孩子，有些别有用心的男子，总是利用靠近女生的一切机会，有意识地接触女孩子的胸部，摸捏其躯体和大腿等处。也有的男子利用在公共汽车，商店等公共场所有意识地挤碰女孩子。还有的男子用污言秽语对女孩子进行挑逗，或者做出下流举动对女生调戏、侮辱。

很多女孩遭受性骚扰，主要来自于男教师、邻居或熟人。当遇到这些性骚扰时，女孩应该及时向家长、老师或学校反映，依靠外界的力量来教育或惩治这样的坏人。或依靠亲友的力量来保护自己，及时制止性骚扰。同时，也可以求助其他同学、朋友，让大家相互照应，监视和躲避这样的坏人，有效地保护自己。

帮未成年人度过不稳定的青春期

好多大人都觉得青春期孩子特别难琢磨：刚才还兴高采烈呢，怎么一会儿就“晴转多云”，甚至电闪雷鸣，暴雨倾盆了呢？确实，情绪的强烈和不稳定，正是处在青春发育期的少男少女普遍存在的现象。这并不是故意的，也不是有“病”或者“犯神经”，而是青春期的心理特点之一。

处在青春期的青少年，至少面临着三方面的压力和挑战：一方面身体正在急剧发育，特别是性方面的发育和成熟，使他们积蓄了大量的能量，容易过度兴奋；一方面学习上的任务很重，不得不面对激烈的竞争，心理压力普遍比较大；另一方面随着年龄的增长，他们渴望对外部社会有更多的了解，人际交往也逐渐增多，再各种各样的信息纷至沓来，这就使他们要处理的问题越来越多，越来越复杂了。这三方面的压力常常交织在一起，矛盾此起彼伏，虽说生活的内容大大丰富了，但也不再像幼儿园、小学时那样单纯容易了。而这时，他们大脑的神经机制并没有发育健全，调节能力还比较差，因此面对各种压力和刺激，很容易产生心理不平衡。青少年又不像成年人那样善于控制或掩饰自己，常常喜怒皆形于色，便显得情绪忽高忽低，特别不稳定了。

监护人应该理解未成年人到了青春期后的这种特点，平时多注意观察未成年人的行为表现，及时发现孩子的异常并加以引导。如果盲目地责怪孩子，可能会造成难以收拾的后果。

案例 孩子步入“青春逆反期”，提前备好课

小光每个星期五和星期六晚都要玩网络游戏，第二天到很晚才起床。他妈妈忍不住了，找孩子谈话，本意是想激励促进一下孩子，让他抓紧时间多学习一会儿。结果却适得其反，孩子不但不听，还有意与家长对着干，变本加厉地连平时也玩起网络游戏了。每天像一只好斗的公鸡，他妈妈任何一句劝告的话，都会激起他更大的反抗和敌视，弄得母子关系非常僵。

案例分析

这是一位监护人在初二的一次家长会上发的牢骚。其实，作为监护人，应该对上初二的孩子更多些关注和耐心，因为，这时候，正是他们步入“青春期”的关键时刻。

初二的孩子一般都在 13 ~ 15 岁，正处在生理发育期，旺盛的细胞分裂过程会让他们产生一系列变化，在自我认识上也会发生很大变化，“我长大了！”“我独立了！”的意识使他们需要进行自我证明。

孩子上初二了，进入青春期，身心都发生了重大的变化，监护人要问一下自己：此时自己是否已经做好了准备？孩子自我心理在迅速发展，监护人的心理成长了吗，能适应孩子的变化吗？为什么有的监护人没有感觉自己的孩子有明显变化？那是因为人家提前给自己和孩子打好预防针了。

引导孩子认识初二课程的特点。初二时课程增多了，且内容加深，难度加大，作业也多了。孩子不能再采用初一时候的应付态度，凭着自己小学时良好的学习基础或一些小聪明，就能自如地取得较好成绩，而要以一种认真的态度来面对预习、听课、复习、作业等各个环节，每个环节都做好了，才能够提高成绩。

监护人也要让孩子知道，如果成绩出现暂时下降不算什么，然后，监护人和他一起讨论，看看用以往的学习经验能不能解决，或者还有没有诸如上课外补习班等其他的办法？

委婉地告诉孩子监护人的意见。在孩子成长的关键期间要十分关注孩子的一言一行，但不要像对待小孩子那样强行规定他该做什么或不该做什么了，而是通过婉转的方式向孩子讲明道理。

设身处地为孩子想想。监护人在和孩子发生冲突后要学会多做“换位思考”：如果自己是孩子会怎么办、如果自己也受到监护人同样对待会有什么感受。

注意孩子思想变化的信号。孩子思想上有变化，有时也会通过他对穿衣打扮以及外貌的追求上显现出来，比如染头发、男生留长发、女生化妆、结交陌生朋友等，监护人看到这些蛛丝马迹，不必惊慌斥责，而是坐下来与孩子平等式地聊聊，告诉他什么是真正对美的追求，告诉他什么样的人才能够真正得到他人的青睐。

监护人处理好这个阶段的亲子关系，就可以帮助孩子轻松地面对学习上的困难，消除其思想上的迷茫困惑，就会避免因冲突而使家庭整日处在硝烟弥漫状态。

第七章

防/微/杜/渐

——预防孩子的不良行为和犯罪

我国青少年犯罪已占到刑事犯罪总数的70%以上。

其中十五六岁少年犯罪案件又占到了青少年犯罪案件总数的70%以上。

未成年人犯罪，在数量、比重上不断增加！

在犯罪的严重性、危害性上不断增加！杀人、抢劫、强奸等恶性伤害案件占的比重越来越大。

作为未成年人的监护人，你应该知道，有50%以上的“问题少年”其“问题”出在家庭。监护人对预防未成年人犯罪负有不可推卸的责任。

预防未成年人犯罪，首先应认识未成年人犯罪。

你知道你的孩子是否犯罪了吗?

你知道未成年人犯罪的多样原因吗?

你知道未成年人犯罪的主要组织形式吗?

你知道未成年人犯罪的主要类型吗?

天使孩子，为何变成恶魔

案例 触目惊心的未成年人犯罪

当亲情遭遇了厄运的时候，我们便失去了评判孰是孰非的能力，让我们看一下发生在至亲之间类似的事件。

武汉汉阳一家庭，为了让读高二的孩子专心学习，不让孩子玩电脑，结果妈妈被砍死，爸爸重伤。

贵州安顺一对15岁的孪生姐妹，初三学生小双、小璧因监护人“逼”其学习而杀死了监护人。

案例分析

看过这一件件血的事实，在震惊、痛惜之余，作为监护人，我们不得不反思，是什么让这些天使般的孩子变成了杀死亲生监护人的恶魔？是不是有这样的原因：

缩略童年，让孩子没有了快乐

童年，对于每一个人来说都是值得回忆的年代。可是，对于今天的孩子来说却变成了奢侈品，他们的童年都是用一些复杂的汉字和英语A、B、C谱写而成，他们玩泥巴、过家家的时间都用在了学习上。

无法舒压，让孩子失去了空间

豆蔻年华、青春年少，正是一个不知愁滋味的年代。可是，今天的青少年没有了朝气和梦想。为了能够考一个好分数，上好初中，读好高中，将来能够进入好大学，他们一直在努力。随着年龄的增大，进入青春期的孩子会在身体和心理上发生很大的变化，这个时期他们最需要的就是监护人的认同和支持、关爱和理解，需要有个空间来调解自己的压力。可是，监护人们对这些却视而不见，为了分数不给孩子留有任何余地。如果一个人连自己疗伤的地方都没有，他也就没有了活下去的勇气。

监护人的欲望，让孩子看不到希望

为了让孩子能够有一个美好的未来，家长都在孩子身上倾注了大量的心血，把心思都用在了孩子身上，目的就是希望孩子能够出人头地，成龙成凤。一个人的付出总希望有回报，这在亲子之间也不例外。孩子考了90分，监护人会要孩子争取100分，孩子在班里是前十名，监护人会要孩子争取第一名。就这样孩子在监护人欲望的泥潭中痛苦地挣扎，感受不到生命的快乐。

冰冻三尺非一日之寒，这些案例，虽说是比较极端的个案，可是，在这些个案的背后却隐含着家庭中普遍存在的教育问题，只不过这些问题对于每个家庭所造成的后果和性质不同而已。孩子不是监护人的附属品，不是学习的机器，监护人要把孩子当作一个独立的人去对待，还给孩子应有的生存权利。

孩子的成长需要监护人的陪伴，当遇到挫折的时候需要的是鼓励，当有痛苦的时候需要的是安慰，当需要倾诉的时候希望监护人是最好的听众，当要表达自己内心想法的时候，需要监护人的耐心。

认识未成年人犯罪

◎警惕未成年人犯罪

案例 我的孩子还小，他犯罪了吗

小伟15周岁，在同学的生日聚会中和邻座的几个外地人争吵起来，双方都是年轻人居多，瞬时就打了起来。因为小伟他们人多，很快将几个外地人打得四处逃散。小伟打得上瘾，操起桌上的一把水果刀向一个已逃出饭店门口的外地人追去，将水果刀刺向那人的后背。被刺人后经送往医院抢救无效而死亡。接到群众报警赶来的公安干警当场就拘捕了小伟等人。小伟的父母不明白，我的孩子还小，他犯罪了吗？

案例分析

很多监护人认为自己的孩子小，所有的过激行为，只是一时冲动而已，不会承担刑事责任，不可能受到刑事制裁。

犯罪有两个特征，一是社会危害性；二是触犯刑法性。一定年龄的人实施了触犯刑法的社会危害行为，则构成犯罪。

只是出于未成年人身心发展不完善，实施违法行为一般是突发的，以及未成年人可塑性大的考虑，对于某些违法犯罪行为，不予追究法律责任，希望通过监护人的管教、学校社会的帮助使未成年人更好地改正错误，走上健康发展的道路。

我国刑法规定：已满14周岁、不满16周岁的未成年人，实施故意杀人、故意伤害致人重伤或者死亡、强奸、抢劫、贩卖毒品、放火、爆炸、投毒等罪行应承担刑事责任，给予刑事处罚。对于某些触犯刑法、因不满16周岁而不予刑事处罚的未成年人，必要时可以进行收容教养。

小伟年满15周岁，实施故意杀人的行为，可予以有期徒刑的法律制裁。

我们要对监护人说

我国法律对未成年人有一定的司法保护，如对14周岁以上不满16周岁的未成年人犯罪的案件，一律不公开审理。16周岁以上不满18周岁的未成年人犯罪的案件，一般也不公开审理。犯罪的时候不满18周岁的未成年人，不适用包括死缓在内的死刑等。但并不是未成年人就可以为所欲为，不对自己的行为承担法律责任。一旦符合一定年龄的未成年人触犯刑法规定的几种罪行，未成年人必须接受相应的法律惩罚。

监护人要加强对未成年人的法制教育，使其知法、懂法、守法，防止未成年人走上犯罪的道路。

◎为什么，他们会走向犯罪

案例　每个人身后都有一个辛酸的故事

监狱里那些十五六岁的小犯人，每个人身后都有一个辛酸的故事。没有哪个人生来就是要走向犯罪这条道路的。家庭中缺少温暖，学校、社会的冷漠与歧视，金钱的诱惑，坏人的教唆，偶尔的一次犯错，加上年幼无知，就使他们一步步地走向深渊。

案例分析

当前，社会表现出多元性的特征，各种信息充斥于未成年人的学习、生活中。处于生长发育期的未成年人辨别力不强，很容易受到拜金主义和性自由、性解放等思潮的冲击，极易吸收暴力、色情和毒品等有害的东西，而且还容易掌握作案方法。

从不良行为、恶作剧发展到违法犯罪。由学习差发展到道德、功课都差，进而结帮成伙或逃学、夜不归宿，发展到违法犯罪。

从冒险、游乐到离家出走、侵犯他人权益而违法犯罪。从娇生惯养到称王称霸到行凶打人。从被歧视、虐待而行凶报复，或被遗弃而流落街头，被坏人教唆而犯罪。从小偷小摸发展到盗窃抢劫。

模仿影视里的暴力和色情镜头，从好奇到偷尝禁果而违法犯罪。

我们要对监护人说

千里之堤毁于蚁穴，正是生活中的一件件处理不善的小事，正是父母和其他人的不正确教养方式，使一些未成年人最终走向犯罪的道路！

未成年人是柔弱的、敏感的，监护人要给未成年人创造一个良好的学习、生活环境，使未成年人避免受到不良的影响！

监护人要多关心未成年人、多鼓励未成年人，多与未成年人交流，及时发现并纠正未成年人的不良行为，让犯罪远离未成年人！

◎团伙——未成年人犯罪的主要组织形式

案例　“黑虎”秘密组织

某地存在一个名为“黑虎”的秘密组织，共十一人。成员年龄大多都在十五六岁，绝大多数人是辍学流落到社会，也有在校的学生。“黑虎”从最初的为组织成员出气，到后来的结伙向附近地区的学生索要钱物，直到后来的抢劫、强奸。“黑虎”一步步地步入深渊，组织却越来越严密，每个人都有自己的代号，每次作案都有自己的任务，有谁完成得不好，还将受到惩罚和“再培训”。“黑虎”成立一年多来，就大小作案二十多起，直至被公安机关抓获。

案例分析

未成年人违法犯罪多以团伙形式出现，这些犯罪团伙大小不等，少则三五人，多则上百人。由于未成年人经验少，能力差，他们结伙作案，可以相互鼓励，在一定程度上减轻恐惧感和孤独感。

团伙犯罪成为未成年人犯罪的主要形态，其社会危害性极大。据有关部门调查，在未成年人犯罪案件中，约有60%～70%属于团伙犯罪。

从近几年未成年人团伙犯罪发展趋势看，团伙作案习惯于做大案要案，一旦团伙中加入了“劳教、劳改人员”或“惯犯、累犯”等成员时，团伙便很快从一般性结伙犯罪发展成为有组织的犯罪团伙，甚至成为一种带有黑社会色彩的有组织犯罪集团。

当前许多未成年人犯罪团伙不仅有名称、有头目，而且有纪律，实施犯罪时有计划、有分工。大部分未成年人犯罪团伙属于同性组成的团伙，但也有不少是男女青少年组成的混合型团伙。

◎抢劫——未成年人犯罪最主要的类型

案例 十几岁的抢劫犯

张某等4人（为某校初三学生）拦截了一辆出租车，实施抢劫。

姚某等3人假装打车到一郊区，司机有些担心不安全，但看是几个十几岁的孩子就放心了。当车开到一僻静处时，姚某等抢劫了司机的钱财。

顾某等4人（其中3人不满17岁）在一小路上多次用刀劫持从附近钢厂下班回家的行人，抢得现金若干。

案例分析

以抢劫为主的暴力犯罪是当今未成年人犯罪的主要类型。在受理的案件中，以抢劫为主的暴力侵财型犯罪人数占全部人数的46%，抢劫也是这几年增加速度最快的暴力犯罪。

未成年人由于自己没有经济来源，如果沾染不良的生活习气，如经常出入营业性的歌舞厅、电子游戏厅，抽烟、酗酒、吸毒，就需要更多的金钱。在一般情况下，父母和其他监护人不会提供这类消费的资金，未成年人也不敢向父母和其他监护人索要过多的金钱，依靠非法的手段去获得额外的花销就十分可能。

抢劫，特别是暴力抢劫，往往容易得逞，作案时间短，作案工具简单，事后又很少需要销赃，所以抢劫成为未成年人常选择的作案方式。

◎偷盗——成了惯性

案例 一发不可收的偷窃

14岁的薛某最初在超市里拿了一个顾客遗落的钱包，见没有人回来寻找，就没告诉大人，自己偷着把钱花了。细心的薛某发现，很多顾客在购买东西的时候会将钱包或是随身的包放在柜台上，或是放在商品旁，不会注意有人拿走。

之后，薛某在学校附近的几个商场和超市里偷偷地拿过几个包，都没有被发现。薛某的行为持续了近一年，直到一家商场的保安将他当场抓获。

案例分析

未成年人的好奇心与冒险心都很重，偶然的事件会将其引上犯罪的道路。如果这一犯罪行为没有及时被发现，会助长他们的侥幸心理和进一步的冒险心理，久而久之会成为一种习惯性行为。

◎性犯罪——由于好奇

案例 16岁的强奸犯

刚满16周岁的魏子强奸了同村12岁的花花，让全村人都很吃惊。魏子是村里的“秀才”，去年是全村唯一考上市里高中的学生。他平时是一个听话、乖巧的学生，和女生说句话都会脸红，谁都不相信他会做出这样的事。

原来魏子平时住在学校里，每天晚上同屋的一个“公子哥”都会讲和女孩睡觉的美妙感觉，魏子从农村出来，从未有人和他讲过有关性的知识，对“公子哥”讲的觉得很好奇。那天“公子哥”又带魏子去他家看“毛片”。魏子当时觉得又羞又臊，但心中有一股莫名的冲动。那天晚上回家，在山路上碰到发育很好的花花，魏子一直以来的好奇，终于铸成大错。

案例分析

在未成年人的性犯罪中，很少有第一次就是为了满足性欲的。往往是出于好奇，又由于性知识的缺乏，受到不良的诱导或是别人的怂恿，糊里糊涂地犯错。但是一旦有了第一次，未成年人的继续性犯罪就很难自制。

未成年人性犯罪的受害人通常也是未成年人，对受害人的身心伤害极为严重。

◎杀人——出于嫉妒

案例 他企图毒死同窗

晓军是某寄宿学校的初三学生，成绩优良，但是心胸狭隘，总是觉得宿舍的同学都妒忌、歧视他。上一次班里评“三好”，选了宿舍里的有志。晓军觉得大家是合起伙来故意刁难他，怀恨在心。

这一次，在数学竞赛中，晓军只得了第三名，而有志得了第一名。晓军特别难过，真希望这世上不存在有志这么一个人。星期六在家时，晓军的妈妈让晓军把鼠药放到储藏室去毒老鼠。晓军忽然想到可以用鼠药让有志消失，就将鼠药掺入了妈妈带给他的肉酱里，星期一带给宿舍的同学吃。结果造成宿舍的其他五个人全部中毒，幸运的是抢救及时，没有发生死亡。但17岁的晓军将等待法律的惩罚。

案例分析

未成年人用各种方式实施故意杀人的严重行为，一般不会和被害人有深仇大恨，更多的是由于学业、早恋等原因，妒忌、憎恨他人而起了杀意。

现在的未成年人面临着激烈的竞争，如何对待竞争，哪些竞争应该在意，而哪些竞争是不必要的，在竞争中怎样调整好自己的心态，是父母和其他监护人应随时加以引导的。

以上是几类常见的未成年人犯罪的类型。

我们要对监护人说

监护人要重点注意观察未成年人是否能够正当地进行人际交往、能不能抵制物质与金钱的诱惑、有没有早恋、吸毒等现象和其他反常的行为。

监护人平时要注意加强对未成年人生理知识的教育，心理健康的辅导，帮助未成年人减缓心理压力与抑郁。

监护人要了解未成年人，作为未成年人的朋友，始终以平等、宽容的态度与未成年人相处。

警惕未成年人的不良行为

未成年人敏感、好奇、喜欢模仿、爱冒险。如果引导得当，这些都是优点。

未成年人思想十分敏锐，吸收新鲜事物快，可以引导他们创新。未成年人喜欢模仿，渐渐地可以接近创造。未成年人爱好冒险，可引导他们探索未知未来。

但如果缺乏指导或者引导不当，这些特点就会成为缺点，甚至走向犯罪。

未成年人的不良行为，轻则影响未成年人的健康发展，重则会直接导致未成年人的犯罪！

作为监护人，法制教育是监护职责的重要内容之一。未成年人因不懂法、不知法而犯罪，其监护人负有法制教育不当、不力的直接责任。

作为监护人您一定希望您的孩子能够健康、安全成长，您必须细心地观察与了解未成年人生活中的一言一行，特别要警惕未成年人的不良行为，预防未成年人的犯罪。

◎注意孩子按时上下学

案例 从旷第一节课开始

13 岁的小鹏一直是父母眼中的好孩子，老师心中的好学生，同学们佩服的好干部。去年因为父母工作转学到一所重点中学，小鹏觉得学习压力较重，自己在老师和同学心目中的地位也不同于以往，开始厌烦学校。一次为了看一场现场直播的足球赛，便大着胆子旷了一节课。

事后小鹏撒谎骗了老师，也没把这件事告诉家长。忐忑不安了几天的小鹏看这件事并未被父母和老师揭穿，胆子逐渐大了起来，逃课成了家常便饭，成绩落下了不少，这才引起老师和家长的注意。

案例分析

旷课是无故不到学校上课的行为，往往是由于厌学或者是与教师和其他同学的人际关系不好而引起。

旷课和厌学会成为一种恶性循环。未成年人旷课必然会对所学的功课不能很好地掌握，导致学习成绩差，而成绩差会使学生更加厌学，整天闷闷不乐、无心学习，甚至偏离正轨，行为失范。

未成年人在校的人际关系不良，会使得未成年人厌倦学校甚至憎恨学校，更容易引起其他的不良行为。

我们要对监护人说

监护人应随时和学校、教师取得联系，了解孩子在学校的出勤情况。监护人更应关心未成年人在校与教师、同学的关系，帮助未成年人与别人融洽相处，寻找集体生活的欢乐。同时，监护人要了解孩子的心理变化，特别是在孩子进入一个新环境、遇到新问题时，多与孩子进行交流，发现问题，及时处理。

◎不能夜不归宿

案例 今晚孩子没回家

马阿姨15岁的儿子去参加同学的生日聚会了，晚上十一点多了还没有回家。马阿姨十分着急，催着丈夫去找。马阿姨的丈夫说："儿子都那么大了，没事的。等聚会结束了，他自然会回来的。"马阿姨等呀等，可是那一晚，儿子没回家。儿子和几个同学在一家迪厅聚会，彻夜未归，还耽误了第二天的功课。

案例分析

夜不归宿，是未成年人的不良行为之一。

未成年人脱离父母或其他监护人的监护，夜间擅自外出，留宿在外，既会影响到学业，同时也会危及到未成年人的人身安全，长此以往，会受到不良习气的影响甚至受到不法分子的引诱，从而导致身心受到损害，甚至走上邪路。

我们要对监护人说

监护人在平时的教育中，一定要尽可能地避免未成年人的晚出和晚归现象。

如果未成年人确实需要参加晚上的活动，应告知未成年人必须和监护人打招呼，并告知要去的地方，留下方便的联系方式，必要的时候应该接孩子回家。无特殊情况，不允许孩子留宿在外。收留夜不归宿的未成年人，应当征得未成年人父母和其他监护人的同意，或在24小时内及时通知其监护人、所在学校或者及时向公安机关报告。另外，监护人不可以让不满16周岁的未成年人脱离监护单独居住。

◎管制刀具是玩具吗

案例 不就是一把匕首吗，给孩子当玩具玩的

小龙今年13岁，4岁开始跟随大伯练习武术，特别崇拜电视广播里的武林高手，尤其喜欢使用飞刀的大侠。假期里内蒙古的叔叔来做客，送给小龙一把蒙古的匕首，小龙把这把匕首当作自己最心爱的东西，整天带在身上。妈妈觉得不妥，

叔叔却说："不就是一把匕首吗，给孩子当玩具玩的。"

案例分析

匕首、弹簧刀和三棱刀，属于管制刀具，携带管制刀具是未成年人的不良行为。未成年人携带管制刀具，容易误伤他人，也易伤到自己。

更令人担心的是，未成年人心理发育尚未成熟，情绪激动时容易自我失控，在与别人发生冲突的时候，携带的管制刀具，很有可能会造成不必要的伤亡。

我们要对监护人说

监护人要注意未成年人的玩具、用品，不能将管制刀具当作未成年人的普通玩具，不可以随身携带。说服未成年人不要玩管制刀具，监护人工作需要的管制刀具应放在安全的地方，避免未成年人获得。

◎有话不能好好说吗

案例 一件小事，一条人命

某学校下午第二节课后，两名同学在卫生扫除中追逐耍闹，其中一名同学不小心将另一名同学的毛衣撕开一个小口，两人遂互相推搡争执。老师对他们进行劝导，两人均表示和解。不料，放学后，在三名同学的怂恿下，毛衣被撕破的同学再次追上对方要求赔件新毛衣，对方不答应，俩人又扭打在一起。厮打中，毛衣被撕破者手握借来的小刀挥舞，捅扎到了对方。他的颈部和左前胸各中一刀，虽全力抢救但为时已晚。

案例分析

一件区区小事，一把小刀，残害了一个少年的生命，也毁了另一个少年的前程。未成年人意气昂扬，容易冲动，遇事缺乏理智，再加上有人在旁边怂恿，要面子，容易发生辱骂他人、打架斗殴的事件。

打架斗殴是指为报私仇或者其他不正当的目的，双方互相厮打，更严重的会发展为成帮结伙的打群架，互相斗殴，这样极易造成一方或双方的人身伤害，甚至会造成无辜人员的伤害。辱骂他人，是指出于取乐，寻求精神刺激等不健康的目的，故意谩骂他人。谩骂他人，有的是为了发泄不满的情绪，有的是为了开心取乐，获取某种精神上的满足。

我们要对监护人说

监护人要注意教导未成年人，遇事冷静，有什么事情要告诉老师和父母，请求成年人来协助解决。监护人还要教育未成年人不要轻信他人的蛊惑与怂恿，不要谩骂、动手打架。

◎注意孩子的消费来源

案例 强行索要钱物

小健身强体壮，是个勤奋学习的好学生，今年以全镇第一名的成绩考到了市里的重点中学读初中，成了全村人夸赞的对象。小健的家境贫寒，父母为了他上学省吃俭用，尽可能地满足小健的学习、生活、经济上的需要。

一个学年以后，父母忽然发现小健开始穿着高档的运动鞋，书包里还常有一些日本、韩国的进口文具。父母每次询问，小健都说是同学送给他的。经过父母进一步的了解，学校老师才发现，原来他仗着自己身高马大，开始强行向低年级的同学索要财物，来满足自己的虚荣心。两个多月来，小健已从低年级的同学那里索要得到进口文具七件，现金近千元，用这些钱为自己购置了高档的运动鞋和一件T恤。

案例分析

强行索要钱物，通常是实施威胁或者要挟的手段，逼人当场或限期交出财物。这种不良行为不仅侵犯了他人的财产权，有时也可能同时会侵犯被索要人的人身权利和其他利益。

在中小学中，高年级的少数学生强行索要低年级学生的财物的情况不算少见。未成年人没有形成健康的消费观念，易于攀比，一旦家长不能满足他们的经济需求，极易发生这类事件。

我们要对监护人说

监护人对未成年人的经济来源和经济去向，一定要心中有数。注意未成年人经常出入的消费场所或购置的消费品是否与他的零花钱或收入平衡。

如果未成年人的消费高于他们实际应有的钱数，大手大脚，花钱毫不心疼，此时，监护人千万不可掉以轻心。

◎小时偷针大时偷金

案例 一个鸡蛋的故事

点点4岁的时候，去邻居家里玩，偷偷地拿了一个生鸡蛋回家。妈妈觉得孩子就是嘴馋，就把鸡蛋煮给点点吃了。点点在这一个鸡蛋上得到甜头，以后常常不自觉地偷偷地拿别人的东西，有时候看到自己喜欢的东西，不方便拿走，还会故意弄坏。点点的妈妈总认为点点还是个孩子，这些都不是什么大错，长大了就不会这样了。可是，现在已在读中学的点点在学校和住宅小区里经常干一些小偷小摸和破坏公私财物的事情，大家都十分反感他。

案例分析

未成年人年龄小，好奇心重，自制力不强，很容易喜欢一些其他人的东西并希望占为己有。要是自己不能拥有，也常常不希望他人拥有。偷窃与毁坏财物的行为在未成年人中时有发生。

偷窃是秘密地窃取数额尚不够大的公私财物的行为；故意毁坏财物，是故意毁灭或损坏公私财物的行为。如果监护人不及时制止，袒护自己的孩子，那么未成年人极易走上犯罪道路。

我们要对监护人说

偷窃与毁坏财物并不是一件小的事情，监护人不要觉得无需因此而责罚孩子，或者认为未成年人长大了，自然就不会再做这样的事。

俗话说：“勿以恶小而为之。”小偷小摸，损坏财物，不及时教导遏制，很有可能会导致未成年人进一步的越轨行为，到时监护人再进行管教将为时已晚。

◎参与赌博或变相赌博

案例 摸珠子的游戏

最近，小安在放学回家的路上，常常去玩一种摸珠子的游戏：每次要从摊主的袋子里摸出八个珠子，不同的颜色代表不同的数字。摊主事先设好了几个数字排列，不同的排列方式都可以下注，有的会得到玩具或文具，有的会

输给摊主钱。小安喜欢那些花花绿绿的小玩具，就天天去摸珠子，可总是输得多，赢得少。越输小安就越想赢，几乎痴迷于此，无心学习。

案例分析

赌博是指用财物作注比输赢的不正当的娱乐活动，更严重的是通过比输赢的方式达到转移财物所有权的非法行为。

未成年人参与赌博的情况不是很多，可是由于未成年人的辨别能力较差，很容易受到欺骗和诱惑参与变相的赌博。赌博与变相的赌博作为一种投机行为，不仅使人的意志消沉，厌恶劳动与学习，而且使人迷恋上瘾，不能自拔，甚至直接诱发盗窃、抢劫、诈骗、斗殴，凶杀等犯罪，对未成年人的成长极为不利。

我们要对监护人说

监护人要确保未成年人远离赌博与变相赌博，不要在家里进行赌博性的扑克牌、麻将等游戏。同时监护人要提醒未成年人辨别赌博与变相赌博和健康游戏的区别，免受欺诈。对年龄稍大的未成年人要加强“劳动创造财富”的教育，帮助他们树立通过合法途径获得财产的观念。

◎性，不可回避的话题

案例 美人游戏

强强经常可以收到一些五颜六色的卡片，上面印有大美人，并有一些比如“寂寞让我如此美丽”的字句。最开始强强不知道卡片的用途是什么，后来邻居15岁的斌斌邀他到小区空地玩时，拿出一大叠这种卡片，分了一半给强强，说要玩游戏：谁的卡片上的美人穿得少，谁就赢了。

案例分析

性，是一个不可回避的问题。未成年人由于接受的相关教育很少甚至没有，对于性问题怀有极大的好奇心。一些不健康的游戏、玩具会刺激并不正确地诱导未成年人对于性问题的不正当理解。

我们要对监护人说

监护人应注意孩子的游戏与玩具，防止不健康的玩具侵蚀未成年人的心灵。监护人还应适当地进行性教育，特别是青春期的性教育，减少未成年人对性的神秘感。

◎早恋偷吃禁果，监护人不可忽视

案例 15岁的未婚妈妈

某中学初三学生小莉，小小年纪就谈起了恋爱，并把老师的劝说当作耳旁风。一天，老师发现她行动异常，经检查，15岁的孩子竟已有了8个月的身孕。

当班主任告诉其父母时，他们的第一句话竟是“你莫乱说”。在事实面前，其母才恍然大悟：“都怪我平时只顾打麻将，很少关心孩子的学习生活。老师也给我说过小莉谈恋爱的事情，我以为没什么，小孩子不懂事耍耍就算了，哪知道这个妮子都怀孕8个月了，我怎么就没有发现呢？”

案例分析

因早恋而偷吃禁果引发的性行为，已经成为一个监护人不可忽视的问题，尤其是有些女孩导致身孕，更给身心带来严重伤害。

青春期的少男少女之间，互相产生好感，是一种很正常的身心发展的表现。然而由于对性知识的无知与好奇，再加上受到不良媒体的诱导，未成年人之间会由于近似游戏的早恋而发生性关系。

少男少女坠入爱河以后，成天单独在一起，或成双成对外出郊游，或自由自在地进出影视厅，有的通过网络看到一些不该看的内容。爱的镜头会成为他们关注和模仿的焦点，尤其是影视中男女亲吻、搂抱等动作，会激发少男少女们的感情冲动。

未成年人的性行为不仅会由于未成年人的生理发育不成熟，给未成年人的身体带来极大的伤害，更为重要的是，未成年人的性行为会更多地引发心理伤害。

一旦发生过性行为的早恋失败，往往会使女孩子对于爱情与生活失去信心，产生报复男性、报复社会的心理，进而走向犯罪。

我们要对监护人说

对于一个负责任的社会、一个负责任的监护人来说，我们不提倡未成年孩子发生性行为，这点是非常明确的。还应说明，未成年孩子有性行为，对自己的身心不利；监护人要能够及时、准确、恰当地告知孩子性行为本身的后果。

父母和其他监护人如果发现未成年人有早恋的现象，要及时耐心地做孩子的工作，留意孩子的课外时间安排。要采取适当措施疏导青春期未成年人的注意力，指导未成年人正确地与异性交往。应尽可能地要求未成年人不要与异性单独见面，不一个人去异性的住处。

监护人还要提醒孩子注意心理卫生，不看不适宜的报刊杂志、影视节目。更不要通过手机或电脑浏览那些消磨人意志的色情网页。让自己多一些对健康有益的业余爱好。也可以多读一些好书，尤其是多看一些伟人的传记，培养自己的意志力，树立远大的奋斗目标。

◎毒品，白色的恶魔

案例 毒品一点不能沾

董某16岁，听说毒品能让人舒经活络、倍感享受，便萌生试一试的念头，这一试就再也不能自拔。最终，他为筹集毒资而抢劫出租车，被公安机关抓获。

小茵17岁，听说吸毒能减肥，竟信以为真，结果生命逝去的速度比体重减轻的速度还要快。

第三次进戒毒所的17岁的小夏在叙述自己的吸毒史时说："一次一位朋友给我一支香烟，并用手指挑了很少一点白粉放了进去。我想这么一点点是不会上瘾的，就接过来抽了，第二次又抽了一支，这次找到了感觉，谁知这一尝出味道就上瘾，一发而不可收。没想到这是致命的一口呀！"

案例分析

现在未成年人已成为吸食、注射毒品大军中越来越大的群体。据调查，全国登记吸食注射海洛因、鸦片成瘾者超过54万，其中青少年占83.6%。年龄最小的才11岁。

目前，我国毒品问题越来越严重，在许多地方都有庞大的地下毒品市场，毒品很容易流入未成年人手中。而未成年人往往由于愚昧无知，寻求精神刺激，或者因为好奇、新鲜、追求时髦，以及发泄不满或遇到挫折而吸食毒品，最后染上毒瘾。

未成年人吸食、注射毒品的危害是非常严重的。吸食毒品不仅会损害未成年人的身体健康和心理健康，还会直接导致毒品犯罪泛滥，诱发其他刑事犯罪，败坏社会风气。

我们要对监护人说

监护人平时要对未成年人讲解毒品的危害，减少未成年人对毒品的好奇心。带未成年孩子参观有关禁毒的展览、宣传，使未成年人了解毒品的危害。

监护人要了解未成年人的思想状况，发现其有吸毒苗头及时遏制；留意未成年人结交的伙伴，防止未成年人受别人的蛊惑而吸食毒品。

◎哪里是孩子不应去的地方

劳逸结合。孩子学习之余，进行一些娱乐活动，有利于缓解紧张和压力。寓教于乐。选择一些合适的娱乐活动，同样可以达到对孩子教育的效果。

现在，娱乐的方式五花八门，有些是适合孩子的，有些则会对孩子造成潜在的伤害，或者本来是好的，但是由于玩得过度，也会对孩子造成伤害。因此，作为监护人，有责任为孩子选择健康的娱乐方式，保证孩子的健康。

案例1 儿子能到歌厅唱歌吗

周末晚上吃过饭，小斌的爸爸说："没什么事情做，带你去歌厅唱歌吧。"结果到了歌厅门口，门卫却说："大人可以进去，小孩不能进，未成年人禁止入内。"小斌的爸爸非常不高兴："我花钱进去唱歌，凭啥不让我儿子进？"

案例分析

歌舞厅、KTV 并不适合小朋友，歌舞厅、KTV 的消费也会浪费小朋友的精力和时间，影响小朋友完成自己的学业。《未成年人保护法》第三十六条规定："营业性歌舞娱乐场所、互联网上网服务营业场所等不适宜未成年人活动的场所，不得允许未成年人进入，经营者应当在显著位置设置未成年人禁入标志；对难以判明是否已成年的，应当要求其出示身份证件。"《预防未成年人犯罪法》也规定："未成年人进入营业性舞厅等不适宜未成年人的场所是一种不良行为，家长和老师都有责任进行教育和制止。"

小斌的爸爸显然对此一无所知，疏忽了自己这方面的职责。

案例2 游戏厅的盗窃犯

16 岁的小平因偷窃被劳动教养。他说："在游戏厅我平均一天就要花一两百元，最少也要四五十元，只凭家里给肯定不够，只有自己想办法弄钱。为了打电子游戏，我先偷家里的，后来就是同学的，最终去偷商场、行人。”

案例分析

进入法律、法规规定的未成年人不适宜进入的营业性歌舞厅等场所，是未成年人的不良行为。《预防未成年人犯罪法》规定：“禁止在中小学附近开办营业性歌舞厅、营业性电子游戏场所以及其他未成年人不适宜进入的场所。”

营业性歌舞厅以及其他未成年人不适宜进入的场所，应当设置明显的未成年人禁止进入的标志，不得允许未成年人进入。

营业性的电子游戏场所在国家法定节假日外，不得允许未成年人进入，并应当设明显的未成年人禁入标志。由于未成年人没有经济来源，他们进入营业性的歌舞厅、游戏厅等会使他们的强烈的物质欲望迅速膨胀起来，玩的方面的需要越来越高，而自身现有的条件又不能满足时，一些未成年人便被物质欲望而诱惑，继而通过违法的手段来满足自己过高的物欲。同时，在类似营业性歌舞厅这类地方，人员复杂，未成年人缺乏判断，会结交不适当的朋友，更易受到蛊惑、教唆，走上邪路，或陷入不必要的纠纷，甚至付出自己的生命。

我们要对监护人说

监护人对于未成年人喜欢去的地方一定要清楚，禁止未成年人进入营业性歌厅舞厅，禁止未成年人非节假日进入营业性的游戏厅及其他不适宜未成年人进入的场所。监护人还要注意未成年人学校及居住区域的周边环境，安排好孩子的课余时间。监护人在节假日多带孩子去公园、博物馆、运动场等公共场所，接触大自然，培养未成年人良好的生活情趣。

◎看电视要有节制

案例 别让电视控制了你的孩子

小华特别爱看电视，除了各种儿童节目，他还喜欢看武打片、侦探片……放学后，他放下书包第一件事情就是打开电视。平时没什么好电视看，他就跟着爸爸妈妈一起看，爸爸妈妈多次管教不听后，也就懒得再管了。日子久了，小华的视力眼看着下降，整天没精打采的，老师总反映他的成绩不好，作业完不成。

案例分析

看电视是一种轻松的娱乐方式，有些电视节目对孩子的教育也大有裨益，可以增长知识，扩大孩子的视野，拓宽孩子的兴趣，增强孩子的判断能力，激发孩子的想象力。

但是，看电视要适量，更要保证电视内容的质量：

- 家长最好陪同孩子一起看电视，这样有利于亲子沟通，也有利于控制孩子看电视的内容质量和时间；
- 合理安排孩子看电视时间：先做作业，后看电视；平时少看，周末适量；
- 一次看电视时间不可太长，保持孩子看电视的姿势，距离电视的距离要适当；
- 睡前不看刺激片；
- 禁止孩子看不适合孩子的电视节目；
- 看完电视洗洗脸。因为电视周围有大量的灰尘被荧光屏所吸引，因此，洗把脸有利于健康。

◎抵制网络诱惑

案例 救救陷入网瘾的儿子

一位儿子沉迷网络的母亲无奈地向心理专家求助：我儿子现在读高二，16 岁那年开始出入网吧，开始我们都不知道网吧对孩子会有这么大的伤害，就没管他。他开始玩游戏，接着迷上网聊，经常在电脑前一坐就是几个小时，上学、吃饭都顾不上了，甚至通宵不归。孩子总是一副疲惫不堪的样子，神情怪怪的，学习成绩又直线下降。

案例分析

科技的飞速发展将我们迅速地带进了信息时代和网络时代，很多人都深刻地感觉到：这个社会如果离开了网络，将会陷入一片混乱。对网络的应用已经在很大程度上成为现代人生存必不可少的一个基本素质。因此，父母为了孩子，也舍得在电脑和网络上为孩子投资。但是，网络是一把“双刃剑”，如果没有正确的引导，它给孩子的成长带来益处的同时，也会给孩子造成严重的伤害。对此，很多家长忽视了。这一点从以上两个案例就可以反映出来。

网络本身蕴含着可供孩子学习的巨大信息量，同时网络也给孩子提供了广阔的思维空间和无限的创新机会。但是，网络本身承载着另一种新型的、多元的、自由的、难以规整的文化类型。这种文化有符合主流社会道德规范的文化，也有各种乌七八糟的反社会道德的文化，比如各种色情、暴力、反动信息的传播；网络可以为现代科技的发展作出重大贡献，同时也可以成为各种犯罪势力危害社会的有力工具。因此，面对这个极具诱惑、又纷繁芜杂的网络世界，还没有形成健全的辨别能力的未成年人，难免受其中危险信息和不良动机的人物的影响和伤害。因此作为未成年人的监护人，一定要肩负起让孩子健康上网的职责。

纵观网络发展以来屡屡出现的孩子受到的网络伤害，我们可以将之概括为以下几种主要的伤害：由于上网时间过多导致视力下降，饮食作息紊乱，体质下降，精神萎靡；由于网上聊天和网上交友的诱惑和沉迷，导致间接的心理痴迷、上瘾，和直接的现实中的伤害，如网友见面后被抢、被杀等；由于浏览网上过多的色情、暴力等信息，导致青少年犯罪；由于网上语言混乱、不文明，以及不健康的内容，使青少年不知不觉被感染，道德败坏；由于孩子缺乏网络上自我保护的意识和能力，孩子以及家人的隐私被侵犯，乃至受到生活中的骚扰。

我们要对监护人说

15岁以下的孩子，监护人一定要陪同他一起上网；18岁以下的孩子，监护人要限制他的上网时间；禁止孩子出入网吧；禁止孩子浏览色情、暴力网站；了解您孩子的网友；告诉您的孩子，培养孩子在网上自我保护的意识：不与网友会面；如果要跟网友会面，一定要争取家长和其他监护人的同意；不要说出自己的真实姓名和地址、电话号码、学校名称、密友等信息；对网上求爱者不予理睬；对谈话低俗网友，不予理睬。

◎抽烟，男子汉的标志吗

案例 让孩子远离香烟

大民今年14岁，已经有两年的烟史。他觉得很自豪，常挂在嘴边的话就是："不抽烟，还是个男子汉吗？"父母、老师不让抽，大民就偷偷地躲在没人的小巷里或厕所里抽。从开始偷家里的烟，偷亲戚家的烟，一直发展到后来就直接开始偷钱买烟。

案例分析

"吸烟有害健康"尽人皆知，在许多公共场所禁止吸烟已被人们所接受。但中学生吸烟的情况却日趋严重，有些学生染上了抽烟的坏习惯，甚至女生吸烟的人数也在不断上升。吸烟已不再是成年人的专利，不少中学生的身边，学校的厕所里，墙角附近，已开始烟雾缭绕，胆大的甚至刚出校门就吞云纳雾了。

未成年人渴望成熟，又受到成人烟民的影响，将抽烟看作是成熟的标志，是极其普遍的，但其后果也是很严重的。

中国每天有 2000 人因吸烟而死亡！一项调查显示，被调查的近 12 000 名 13 到 15 岁初中学生中，有 32.5% 的男生和 13% 的女生尝试过吸烟，总吸烟率为 22.5%。开始吸烟的平均年龄仅为 10.7 岁。超过一半的学生说他们在 1 周内至少有 1 天会生活在烟雾缭绕的环境中。

未成年人的身体处于生长时期，抽烟不利于他们的身心健康。此外，未成年人为了抽烟与酗酒，容易滋生通过非法手段敛取钱财的邪念，如果第一次作案成功，便会助长他们的侥幸心理，导致进一步走上犯罪的道路。

我们要对监护人说

监护人要向孩子讲明吸烟的危害：

首先是影响智力。专家们研究表明，烟草中含有几百种有害物质，而青少年各种器官尚未发育成熟，很容易吸收这些有毒物质，以致逐渐摧残身体。作为学生，长期吸烟易使人注意力分散，智力减退，随之而来的就是学习成绩的下降。

其次是影响睡眠。有的孩子认为吸烟能够消除疲劳，其实吸烟只能使人已经疲惫的身体和神经得到暂时缓解，却不能真正消除疲劳。反而会严重影响睡眠状况。

再次是影响身心健康。吸烟多了会产生许多问题，比如有的孩子容易激动；有的孩子经常感觉头昏、恶心等。有的中学生认为吸烟可以提神、消除疲劳、激发灵感，这是毫无科学根据的，实验证明吸烟百害而无益。

许多监护人明明知道吸烟的危害，却经常自己一根接一根地抽。发现孩子吸烟，就大声训斥他不该养成吸烟的坏习惯。这时候孩子或难辨是非，或口服心不服。所以，要想孩子不吸烟，监护人最好做出表率，用自己的行动影响孩子的行为。

◎盲目攀比要不得

案例 700块钱的生日礼物

小航在一所私立高中就读，他说：“班上同学的家里都很有钱，最起码看起来是这样的。宿舍有一名同学 6 月 21 日过生日，5 名同学正在商议送他一部手机，摊到每个人名下的钱就是700多元。这还算好的，不然的话，大家会比谁的礼物更好、更贵，每个人花的钱会更多。”

案例分析

不仅在私立学校，比谁的家长更有钱，谁穿的衣服是名牌，谁的文具是进口的，成为某些未成年人生活中普遍存在的现象，其他学校也有类似情况。

不正当的攀比，一方面会影响未成年人的注意力，学习不能集中精力；另一方面追求高档物质享受，会打消未成年人的积极进取精神。如果监护人不能满足这种攀比的消费，未成年人容易用非法手段获取财物，走上犯罪道路。

我们要对监护人说

监护人对于未成年人的不正确攀比心理要及时发现，善于引导孩子将精力放在学习上。近年来，一些发家致富的家长和监护人，因为手里有了钱，对孩子的要求有求必应，助长了未成年人的攀比之风。

监护人可以通过讲述自己工作赚钱的辛劳，带未成年人到自己的工作场所体验生活，年龄稍大的未成年人可以联系适当的勤工俭学，让未成年人了解、理解、认识到“一分金钱，一分汗水”的道理。珍惜父母的劳动果实！

◎孩子追星追什么

案例　孩子迷恋明星，正确引导是前提

小雪因为喜欢看“快乐男生”节目，迷上了其中的男孩武艺，寒假时，当得知他要在长沙的演唱会上露面时，竟然瞒着爸爸妈妈，拿着自己的四百元压岁钱，乘火车从石家庄赶往长沙。在车上给妈妈发了个短信：“我在前往长沙的火车上，你们不要为我担心。”父母赶紧叫她在新乡车站下车等着爸爸，并答应由爸爸陪他一起去长沙。

当问到孩子回来以后的表现时，小雪的父母说，孩子很兴奋，很满足，学习劲头更大了，并向我们保证，以后会征得大人同意，不再出现这样擅自行动、不顾危险的事情了。我们也渐渐地理解了孩子的追星行为。

案例分析

在当今这个追求个性的时代，“追星”已经不是什么“新新人类”用的词了。现在很多中学生都有自己崇拜的明星，这些明星大部分来自影视歌坛或体坛。孩

子们关心明星的最新动态、买关于他们的海报贴到自己小屋的墙上，这些都已经成为了很多中学生的必修课程。更有甚者，出现了像小雪这样的极端行为。

很多家长对孩子的追星现象颇为不解，甚至反感。但追星孩子们对此却振振有辞，乐此不疲。作为监护人，我们到底应该怎样看待自己孩子的“追星情结”呢?

具体来说，他们是出于这两种心理：一是欣赏崇拜心理。看看孩子们贴在房间里所追影视明星的大幅照片，男性大多英俊潇洒、风流倜傥，女性则羞花闭月、沉鱼落雁。先是欣赏他们的外貌，更是崇拜他们所扮演的角色：或义胆冲天、侠骨柔肠的铮铮铁汉；或娇媚可人、善良温柔的婷婷玉女。这些难免让正处在青春期的少男少女们羡慕、迷恋、崇拜甚至疯狂。

二是时尚从众心理。当你问到孩子们为什么要追星时，他们回答往往是很简单的两个字“喜欢”。在不少中学生看来，追星就是件时髦的事，不必问有没有道理，不用管有没有价值，只要有“星”可“追”就足够了。另外，在中学生中，追星现象很普遍，势力也很大，大家言谈话语之间多围绕明星，以致本来没多大心情追星的同学，为了不被看作“落伍”，不被视为“异端”，也自觉不自觉地入了流。

我们要对监护人说

未成年人崇拜歌星、影星是正常的成长发育现象，关键是未成年人的父母和其他监护人怎样引导。

监护人不可以简单地压制，应试图去了解未成年人，甚至了解他们所崇拜的歌星与影星。多与未成年人探讨明星、影星的成名之路。除了注意媒体上对明星们成功后的事实报道，更要关心这些公众人物成功背后的故事。

监护人经常与未成年人沟通，明确未成年人现阶段的主要任务，帮未成年人树立人生的楷模。可以引导孩子把追星的热情转化为奋斗的动力，这将会促进他们的心理成熟和健康发展。告诉孩子，你所崇拜的应该是真正值得你崇拜的，而不是徒有其表，更应该有高尚的人品和超凡的气度；明星不仅仅吸引你的目光，更应该能震撼你的心灵。

◎孩子为谁“两肋插刀”

案例 孩子打架为什么

小涛，16岁，性格直率，为人很讲“义气”。在班里有几个颇为要好的同学，小涛认为为了他们，自己赴汤蹈火在所不辞。一天他的一个好哥们儿，在推车时和毕业班的一个同学发生摩擦，找到小涛要求“报仇”。小涛想都没想，拿起一根椅子腿就上楼了。后来，他们几个人结帮成派，还发展到在社会上打架斗殴。

案例分析

未成年人结帮成伙寻衅滋事，主要原因是未成年人之间存在所谓的“江湖义气”、“哥们儿义气”，信奉什么“为朋友两肋插刀”、“有福同享、有难同当”。

为了“哥们儿”利益，为了团伙利益，他们会置社会利益和他人利益于不顾，逞强好胜，为了树立自己的或自己的团伙在某一地区、某一范围的“威信”而胆大妄为，恣意闹事。

“两肋插刀”的思想往往来源于武侠小说和电影、电视的影响。监护人要注意未成年人的精神食粮。未成年人组织或者参加实施不良行为的团伙，和他们平时的不良交往有关系。他们聚在一起互相壮胆，原来胆小的没有劣迹的孩子，很可能转眼间做出失常的举动。

我们要对监护人说

监护人对未成年人的朋友要了解，看看他们当中有多少是愿意通过自己的劳动获得物质利益的，有多少是靠父母的资助，又有多少是想不劳而获，游手好闲的。有没有“二进宫”或派出所挂上号的。

不务正业的青少年经常相聚，随时都可能生出是非，监护人要经常对未成年人敲警钟，把问题消灭在萌芽状态。

浪子回头，需要你的支持与鼓励

目前，违法的未成年人真正构成犯罪的还是少数，多数是有违法行为。未成年人的可塑性、可教育性很强，作为监护人对于违法，甚至是犯罪的未成年人都应该给予爱心和关爱，使违法犯罪的未成年人迷途知返，重新走向人生的辉煌！

案例3 他永远是贼吗

小峰，16岁，因为偷盗被劳教，今年四月解除劳教。小峰在收容教养期间学会了钳工。小峰想振作起来，重新开始自己的人生之路。然而离异的父母却谁都不要他，母亲觉得他是个包袱，而父亲则当着他的面说：“江山易改，本性难移，你永远都是一个贼！”

案例分析

对于某些触犯刑法、因不满 16 岁而不予刑事处罚的未成年人，为防止其继续犯罪，必要时会进行劳动教养。劳动教养期间，未成年人会得到法律教育，接受一定的职业教育，未完成义务教育的未成年人，还将继续得到义务教育。

通过劳动教养的未成年人，端正了思想，行为得到矫正，为回归社会奠定了基础。

我们要对监护人说

对于解除劳动教养，重新回归社会的未成年人，监护人应正确对待，应该关心他们的学习和生活，关心他们在人生道路上的成长。

监护人不得歧视经过劳动教养的未成年人。监护人一定程度上是未成年人至亲的人，如果作为监护人，歧视犯过错误的未成年人，会使本已悔改的未成年人失去重新生活的信心，再一次走向违法犯罪。

第八章

拿/起/法/律/的/武/器

——时刻维护未成年人的合法权益

未成年人的合法权益一旦受到侵犯，监护人应该怎么办?

未成年人如果给他人造成了损害，监护人应承担什么责任?

未成年人造成的损害谁来赔偿

未成年人是指未满18周岁的公民。我国《民法通则》规定："10周岁以下为无民事行为能力人；10岁以上18岁以下为限制民事行为能力人；16岁以上18岁以下如果以自己的经济收入为主要生活来源的视为完全民事行为能力人。"

《民法通则》第一百三十三条还规定："无民事行为能力人、限制民事行为能力人造成他人损害的，由监护人承担民事责任。"这种损害应该包括给他人造成人身伤害，也包括给他人、国家或集体造成的经济损失。

案例1 小学生过失造成他人伤害，父母赔偿

湖北洪湖市法院公开审理了一起中学生人身损害赔偿纠纷案。

曹市镇庆丰中学初二（一）班学生张施，在课堂用圆规夹着从外面捡来的雷管在蜡烛上烧炸，张施本人手臂受轻伤，同班同学周伟东双眼被炸成重伤。当日，周伟东被送曹市镇医院，后转仙桃医院、武汉同济医院、河南医大抢救，做了眼部人工晶体移植手术。术后周伟东左眼视力0.1，右眼1.0，左眼内仍存有铜质异物紧靠脑神经，以后还需定期做检查和治疗。

事故发生后，庆丰中学主动拿出3000元，镇教委拿出2000元用于抢救周伟东，周的家长共花去医疗药费5163.01元。镇委、镇政府出面调解，要求玩雷管者张施的法定代理人家长一次性赔偿医药费5000元。张施的家长却说："不关我们的事，一分钱也不付。"

3月初，12岁的周伟东决心向法院起诉。3月14日，周伟东向法院亲手递交了起诉状，要求赔偿人身损害经济损失费7.8万元。4月8日，市法院民事庭在曹市镇公开审理，最后法官判决被告张施的法定代理人家长赔偿原告周伟东医药费、伤残补助费、营养费等9项共18237.69元。

我们要对监护人说

孩子是幼苗，管教最重要；一旦出问题，你要掏腰包。

监护人的角色

近年来，形形色色的学生诉学校的案件层出不穷，或是隐私侵权案，或是学

校事故案，如此等等，不一一举例。案件的起因无一例外是未成年人的正当权利受到侵犯。未成年人的权利主要有受教育权、隐私权、财产权、人格权等。未成年人的权利受到侵犯后，监护人在其中扮演什么角色呢?

我们先来看看代理的概念，在民事活动中，公民和法人的法定代表人不一定凡事都亲自出马，可以通过代理人实施民事法律行为（如签订合同、处理财产纠纷、进行诉讼等）。代理则是指代理人以此代理人的名义，在代理权限内进行具有法律意义的行为，并由被代理人承担代理的法律后果的民事法律关系。

在民事活动中，监护人是未成年人的法定代理人，所谓法定代理，指的是根据法律的直接规定所产生的代理。这种代理主要适用于无民事行为能力人，法定代理的产生基础不是委托和授权，其基础主要是代理人和被代理人之间的亲属关系。这种代理关系自始就有，从孩子出生一直到成年。

在实际生活中，由于监护人本身能力或时间上不允许，自感不能承担诉讼之责，也可以通过委托代理人进行诉讼活动。

委托代理是代理人按照被代理人的委托进行的代理，也称意定代理、授权代理。委托代理人按照被代理人的委托行使代理权。委托代理是代理中使用最广泛的一种代理。按照《民法通则》的规定，民事法律行为的委托代理，可以用书面形式，也可以用口头形式。法律规定应当用书面形式的，要用书面形式。

未成年人合法权益的救济

◎申诉

法律救济，是指依据法律对权利冲突的解决。救济的途径主要有诉讼途径和非诉讼途径。当未成年人的合法权益受到侵害时，监护人首先可以通过非诉讼途径，及时向有关部门提起申诉。

申诉制度是指公民在自己的合法权益受到侵害时，向有关国家机关申诉理由，请求处理或重新处理的制度。未成年人的活动场所主要是学校，发生权益受到侵害也经常是在学校。因此，我国《教育法》规定了学生的申诉权制度。本书也将主要从学生的申诉和诉讼这个角度讨论一下未成年人的权利救济。

学生的申诉权是指在接受教育的过程中，学生的合法权益受到学校或教育行政机关的某个具体行为或处分的侵害时，可以依教育法律、法规或规章的规定向主管机关或单位讲明理由，请求给予处理的权利。

我国的《教育法》第四十二条规定："受教育者对学校给予的处分不服，有权向有关部门提出申诉；对学校、教师侵犯其人身权、财产权等合法权益时，有权提出申诉或者依法提起诉讼。"这里说的有关部门，主要指学校的教育行政主管部门、教师或学校工作人员的主管单位。申诉范围：

第一，未成年人对学校给予的各种违纪处分不服的。

第二，学校不按规定开除学生、勒令退学、送入工读学校等对学生学籍和受教育权造成影响的。

第三，学校或教师违反规定乱收费、乱摊派或没收学生财物的，强迫学生购买与教学无关的东西。

第四，学校或教师在教学或管理中体罚或变相体罚学生、纪律管理与处分不当，侵犯其人身健康、名誉权等。

第五，学校或教师私拆学生信件导致不良后果、非经一定程序随便剥夺学生荣誉称号、对学生进行不公正评价、违反国家招生法规规定侵害学生升学权等。

◎申诉程序

申诉要遵循一定的程序，一般要求首先提出申诉；然后等待主管机关的受理审查；最后听取对申诉的处理结果；对处理结果不服的，还可以向法院提出诉讼。

我们要对监护人说

不论是口头还是书面申诉，都应该讲明申诉人的自然状况、申诉的理由和申诉的基本事实经过，最后提出申诉的要求。书面申诉要求形式更严格一些。

◎诉讼

申诉不是权利救济的必经途径。监护人可以不经申诉，直接向人民法院提起诉讼；对申诉处理结果不服的，也可以向法院提起诉讼。

前面已经说了代理人的有关问题，下面这个案例将具体讲一下法定代理和委托代理。

（这是一份某基层人民法院的民事调解书，本书主要用以说明法定代理人可通过委托代理人进行民事诉讼活动）

案例 法定代理人可以委托别人打官司

原告范伟，男，1999 年 4 月 24 日生，汉族，某小学 4 年级 5 班学生，住某市某区某街8号。

法定代理人范成杰，某市某厂工人，男，37岁，汉族，系原告父亲。住址同上。

委托代理人刘文化，某律师事务所律师。

被告李涛，男，1999年3月28日生，汉族，某小学4年级5班学生，住某市某区某街78号。

法定代理人李志远，男，40岁，汉族，某市某厂工人，系被告父亲，住址同上。

委托代理人王腾浩，某律师事务所律师。

案由：人身伤害赔偿

原告范伟要求被告李涛赔偿其被打伤所花费的医药费以及今后的治疗费3500元。

经审理查明：原被告系同班同学。2009年3月7日上午10时，原告与被告在校因学习问题发生口角，被告用脚踢原告，造成原告右膝髌骨骨折。

原告在治疗期间，共花费医疗费1364元，交通费300元。原告向被告所要赔偿未果后，于2009年5月2日起诉来院。

本案在审理过程中，经本院主持调解，双方当事人自愿达成如下协议：

被告一次性赔偿原告医疗费、交通费及今后治疗费3500元。

诉讼费100元，由被告承担。

上述规定，符合有关法律规定，本院予以确认。

本调解书经双方当事人签收后，即具有法律效力。

案例分析

在该案例中，原告和被告因人身伤害问题发生民事纠纷最后诉至法院。

在诉讼中，由于原告和被告都是10周岁的限制民事行为能力人，其诉讼能力有限，原被告的法定代理人即他们的监护人（双方父母）完全可以直接参加诉讼，但为了更好地直接保护原告、被告的合法权益，法定代理人又委托了他人（皆为律师）代理诉讼。也就是通常所说的请律师为其打官司。律师是以委托代理人的身份出现的。

诉讼不仅包括民事诉讼，也包括行政诉讼，行政诉讼是指公民、法人或其他组织认为行政机关的具体行政行为侵犯了其法律所保护的合法权益，而以行政机关为被告提起诉讼。如未成年人的受教育权受到侵犯，在一次考试中本来达到国家规定的录取分数线却没被录取，原告诉教委的案件就属于行政诉讼。

我们要对监护人说

未成年人的合法权益受到侵犯时，您有不可推卸的责任代理其权利的救济工作，拿起您手中的法律武器是明智的选择。

附录　未成年人保护的法律资源相关法律条文

中华人民共和国未成年人保护法

（1991年9月4日第七届全国人民代表大会常务委员会第二十一次会议通过 2006年12月29日第十届全国人民代表大会常务委员会第二十五次会议修订）

第一章　总则

第一条　为了保护未成年人的身心健康，保障未成年人的合法权益，促进未成年人在品德、智力、体质等方面全面发展，培养有理想、有道德、有文化、有纪律的社会主义建设者和接班人，根据宪法，制定本法。

第二条　本法所称未成年人是指未满十八周岁的公民。

第三条　未成年人享有生存权、发展权、受保护权、参与权等权利，国家根据未成年人身心发展特点给予特殊、优先保护，保障未成年人的合法权益不受侵犯。

未成年人享有受教育权，国家、社会、学校和家庭尊重和保障未成年人的受教育权。

未成年人不分性别、民族、种族、家庭财产状况、宗教信仰等，依法平等地享有权利。

第四条　国家、社会、学校和家庭对未成年人进行理想教育、道德教育、文化教育、纪律和法制教育，进行爱国主义、集体主义和社会主义的教育，提倡爱祖国、爱人民、爱劳动、爱科学、爱社会主义的公德，反对资本主义的、封建主义的和其他的腐朽思想的侵蚀。

第五条　保护未成年人的工作，应当遵循下列原则：

（一）尊重未成年人的人格尊严；

（二）适应未成年人身心发展的规律和特点；

（三）教育与保护相结合。

第六条　保护未成年人，是国家机关、武装力量、政党、社会团体、企业事业组织、城乡基层群众性自治组织、未成年人的监护人和其他成年公民的共同责任。

对侵犯未成年人合法权益的行为，任何组织和个人都有权予以劝阻、制止或者向有关部门提出检举或者控告。

国家、社会、学校和家庭应当教育和帮助未成年人维护自己的合法权益，增强自我保护的意识和能力，增强社会责任感。

第七条　中央和地方各级国家机关应当在各自的职责范围内做好未成年人保护工作。

国务院和地方各级人民政府领导有关部门做好未成年人保护工作；将未成年人保护工作纳入国民经济和社会发展规划以及年度计划，相关经费纳入本级政府预算。

国务院和省、自治区、直辖市人民政府采取组织措施，协调有关部门做好未成年人保护工作。具体机构由国务院和省、自治区、直辖市人民政府规定。

第八条　共产主义青年团、妇女联合会、工会、青年联合会、学生联合会、少年先锋队以及其他有关社会团体，协助各级人民政府做好未成年人保护工作，维护未成年人的合法权益。

第九条　各级人民政府和有关部门对保护未成年人有显著成绩的组织和个人，给予表彰和奖励。

第二章　家庭保护

第十条　父母或者其他监护人应当创造良好、和睦的家庭环境，依法履行对未成年人的监护职责和抚养义务。

禁止对未成年人实施家庭暴力，禁止虐待、遗弃未成年人，禁止溺婴和其他残害婴儿的行为，不得歧视女性未成年人或者有残疾的未成年人。

第十一条　父母或者其他监护人应当关注未成年人的生理、心理状况和行为习惯，以健康的思想、良好的品行和适当的方法教育和影响未成年人，引导未成年人进行有益身心健康的活动，预防和制止未成年人吸烟、酗酒、流浪、沉迷网络以及赌博、吸毒、卖淫等行为。

第十二条　父母或者其他监护人应当学习家庭教育知识，正确履行监护职责，抚养教育未成年人。

有关国家机关和社会组织应当为未成年人的父母或者其他监护人提供家庭教育指导。

第十三条　父母或者其他监护人应当尊重未成年人受教育的权利，必须使适龄未成年人依法入学接受并完成义务教育，不得使接受义务教育的未成年人辍学。

第十四条　父母或者其他监护人应当根据未成年人的年龄和智力发展状况，在作出与未成年人权益有关的决定时告知其本人，并听取他们的意见。

第十五条　父母或者其他监护人不得允许或者迫使未成年人结婚，不得为未成年人订立婚约。

第十六条　父母因外出务工或者其他原因不能履行对未成年人监护职责的，应当委托有监护能力的其他成年人代为监护。

第三章　学校保护

第十七条　学校应当全面贯彻国家的教育方针，实施素质教育，提高教育质量，注重培养未成年学生独立思考能力、创新能力和实践能力，促进未成年学生全面发展。

第十八条　学校应当尊重未成年学生受教育的权利，关心、爱护学生，对品行有缺点、学习有困难的学生，应当耐心教育、帮助，不得歧视，不得违反法律和国家规定开除未成年学生。

第十九条　学校应当根据未成年学生身心发展的特点，对他们进行社会生活指导、心理健康辅导和青春期教育。

第二十条　学校应当与未成年学生的父母或者其他监护人互相配合，保证未成年学生的睡眠、娱乐和体育锻炼时间，不得加重其学习负担。

第二十一条　学校、幼儿园、托儿所的教职员工应当尊重未成年人的人格尊严，不得对未成年人实施体罚、变相体罚或者其他侮辱人格尊严的行为。

第二十二条　学校、幼儿园、托儿所应当建立安全制度，加强对未成年人的安全教育，采取措施保障未成年人的人身安全。

学校、幼儿园、托儿所不得在危及未成年人人身安全、健康的校舍和其他设施、场所中进行教育教学活动。

学校、幼儿园安排未成年人参加集会、文化娱乐、社会实践等集体活动，应当有利于未成年人的健康成长，防止发生人身安全事故。

第二十三条　教育行政等部门和学校、幼儿园、托儿所应当根据需要，制定应对各种灾害、传染性疾病、食物中毒、意外伤害等突发事件的预案，配备相应设施并进行必要的演练，增强未成年人的自我保护意识和能力。

第二十四条　学校对未成年学生在校内或者本校组织的校外活动中发生人身伤害事故的，应当及时救护，妥善处理，并及时向有关主管部门报告。

第二十五条　对于在学校接受教育的有严重不良行为的未成年学生，学校和父母或者其他监护人应当互相配合加以管教；无力管教或者管教无效的，可以按照有关规定将其送专门学校继续接受教育。

依法设置专门学校的地方人民政府应当保障专门学校的办学条件，教育行政部门应当加强对专门学校的管理和指导，有关部门应当给予协助和配合。

专门学校应当对在校就读的未成年学生进行思想教育、文化教育、纪律和法制教育、劳动技术教育和职业教育。

专门学校的教职员工应当关心、爱护、尊重学生，不得歧视、厌弃。

第二十六条　幼儿园应当做好保育、教育工作，促进幼儿在体质、智力、品德等方面和谐发展。

第四章　社会保护

第二十七条　全社会应当树立尊重、保护、教育未成年人的良好风尚，关心、爱护未成年人。

国家鼓励社会团体、企业事业组织以及其他组织和个人，开展多种形式的有利于未成年人健康成长的社会活动。

第二十八条　各级人民政府应当保障未成年人受教育的权利，并采取措施保障家庭经济困难的、残疾的和流动人口中的未成年人等接受义务教育。

第二十九条　各级人民政府应当建立和改善适合未成年人文化生活需要的活动场所和设施，鼓励社会力量兴办适合未成年人的活动场所，并加强管理。

第三十条　爱国主义教育基地、图书馆、青少年宫、儿童活动中心应当对未成年人免费开放；博物馆、纪念馆、科技馆、展览馆、美术馆、文化馆以及影剧院、体育场馆、动物园、公园等场所，应当按照有关规定对未成年人免费或者优惠开放。

第三十一条　县级以上人民政府及其教育行政部门应当采取措施，鼓励和支持中小学校在节假日期间将文化体育设施对未成年人免费或者优惠开放。

社区中的公益性互联网上网服务设施，应当对未成年人免费或者优惠开放，为未成年人提供安全、健康的上网服务。

第三十二条　国家鼓励新闻、出版、信息产业、广 播、电影、电视、文艺等单位和作家、艺术家、科学家以及其他公民，创作或者提供有利于未成年人健康成长的作品。出版、制作和传播专门以未成年人为对象的内 容健康的图书、报刊、音像制品、电子出版物以及网络信息等，国家给予扶持。

国家鼓励科研机构和科技团体对未成年人开展科学知识普及活动。

第三十三条　国家采取措施，预防未成年人沉迷网络。

国家鼓励研究开发有利于未成年人健康成长的网络产品，推广用于阻止未成年人沉迷网络的新技术。

第三十四条　禁止任何组织、个人制作或者向未成年人出售、出租或者以其他方式传播淫秽、暴力、凶杀、恐怖、赌博等毒害未成年人的图书、报刊、音像制品、电子出版物以及网络信息等。

第三十五条　生产、销售用于未成年人的食品、药品、玩具、用具和游乐设施等，应当符合国家标准或者行业标准，不得有害于未成年人的安全和健康；需要标明注意事项的，应当在显著位置标明。

第三十六条　中小学校园周边不得设置营业性歌舞娱乐场所、互联网上网服务营业场所等不适宜未成年人活动的场所。

营业性歌舞娱乐场所、互联网上网服务营业场所等不适宜未成年人活动的场所，不得允许未成年人进入，经营者应当在显著位置设置未成年人禁入标志；对难以判明是否已成年的，应当要求其出示身份证件。

第三十七条　禁止向未成年人出售烟酒，经营者应当在显著位置设置不向未成年人出售烟酒的标志；对难以判明是否已成年的，应当要求其出示身份证件。

任何人不得在中小学校、幼儿园、托儿所的教室、寝室、活动室和其他未成年人集中活动的场所吸烟、饮酒。

第三十八条　任何组织或者个人不得招用未满十六周岁的未成年人，国家另有规定的除外。

任何组织或者个人按照国家有关规定招用已满十六周岁未满十八周岁的未成年人的，应当执行国家在工种、劳动时间、劳动强度和保护措施等方面的规定，不得安排其从事过重、有毒、有害等危害未成年人身心健康的劳动或者危险作业。

第三十九条　任何组织或者个人不得披露未成年人的个人隐私。

对未成年人的信件、日记、电子邮件，任何组织或者个人不得隐匿、毁弃；除因追查犯罪的需要，由公安机关或者人民检察院依法进行检查，或者对无行为能力的未成年人的信件、日记、电子邮件由其父母或者其他监护人代为开拆、查阅外，任何组织或者个人不得开拆、查阅。

第四十条　学校、幼儿园、托儿所和公共场所发生突发事件时，应当优先救护未成年人。

第四十一条　禁止拐卖、绑架、虐待未成年人，禁止对未成年人实施性侵害。

禁止胁迫、诱骗、利用未成年人乞讨或者组织未成年人进行有害其身心健康的表演等活动。

第四十二条　公安机关应当采取有力措施，依法维护校园周边的治安和交通秩序，预防和制止侵害未成年人合法权益的违法犯罪行为。

任何组织或者个人不得扰乱教学秩序，不得侵占、破坏学校、幼儿园、托儿所的场地、房屋和设施。

第四十三条　县级以上人民政府及其民政部门应当 根据需要设立救助场所，对流浪乞讨等生活无着未成年人实施救助，承担临时监护责任；公安部门或者其他有关部门应当护送流浪乞讨或者离家出走的未成年人到救 助场所，由救助场所予以救助和妥善照顾，并及时通知其父母或者其他监护人领回。

对孤儿、无法查明其父母或者其他监护人的以及其他生活无着的未成年人，由民政部门设立的儿童福利机构收留抚养。

未成年人救助机构、儿童福利机构及其工作人员应当依法履行职责，不得虐待、歧视未成年人；不得在办理收留抚养工作中牟取利益。

第四十四条　卫生部门和学校应当对未成年人进行卫生保健和营养指导，提供必要的卫生保健条件，做好疾病预防工作。

卫生部门应当做好对儿童的预防接种工作，国家免疫规划项目的预防接种实行免费；积极防治儿童常见病、多发病，加强对传染病防治工作的监督管理，加强对幼儿园、托儿所卫生保健的业务指导和监督检查。

第四十五条　地方各级人民政府应当积极发展托幼事业，办好托儿所、幼儿园，支持社会组织和个人依法兴办哺乳室、托儿所、幼儿园。

各级人民政府和有关部门应当采取多种形式，培养和训练幼儿园、托儿所的保教人员，提高其职业道德素质和业务能力。

第四十六条　国家依法保护未成年人的智力成果和荣誉权不受侵犯。

第四十七条　未成年人已经完成规定年限的义务教育不再升学的，政府有关部门和社会团体、企业事业组织应当根据实际情况，对他们进行职业教育，为他们创造劳动就业条件。

第四十八条　居民委员会、村民委员会应当协助有关部门教育和挽救违法犯罪的未成年人，预防和制止侵害未成年人合法权益的违法犯罪行为。

第四十九条　未成年人的合法权益受到侵害的，被侵害人及其监护人或者其他组织和个人有权向有关部门投诉，有关部门应当依法及时处理。

第五章　司法保护

第五十条　公安机关、人民检察院、人民法院以及司法行政部门，应当依法履行职责，在司法活动中保护未成年人的合法权益。

第五十一条　未成年人的合法权益受到侵害，依法向人民法院提起诉讼的，人民法院应当依法及时审理，并适应未成年人生理、心理特点和健康成长的需要，保障未成年人的合法权益。

在司法活动中对需要法律援助或者司法救助的未成年人，法律援助机构或者人民法院应当给予帮助，依法为其提供法律援助或者司法救助。

第五十二条　人民法院审理继承案件，应当依法保护未成年人的继承权和受遗赠权。

人民法院审理离婚案件，涉及未成年子女抚养问题的，应当听取有表达意愿能力的未成年子女的意见，根据保障子女权益的原则和双方具体情况依法处理。

第五十三条　父母或者其他监护人不履行监护职责或者侵害被监护的未成年人的合法权益，经教育不改的，人民法院可以根据有关人员或者有关单位的申请，撤销其监护人的资格，依法另行指定监护人。被撤销监护资格的父母应当依法继续负担抚养费用。

第五十四条　对违法犯罪的未成年人，实行教育、感化、挽救的方针，坚持教育为主、惩罚为辅的原则。

对违法犯罪的未成年人，应当依法从轻、减轻或者免除处罚。

第五十五条　公安机关、人民检察院、人民法院办理未成年人犯罪案件和涉及未成年人权益保护案件，应当照顾未成年人身心发展特点，尊重他们的人格尊严，保障他们的合法权益，并根据需要设立专门机构或者指定专人办理。

第五十六条　公安机关、人民检察院讯问未成年犯罪嫌疑人，询问未成年证人、被害人，应当通知监护人到场。

公安机关、人民检察院、人民法院办理未成年人遭受性侵害的刑事案件，应当保护被害人的名誉。

第五十七条　对羁押、服刑的未成年人，应当与成年人分别关押。

羁押、服刑的未成年人没有完成义务教育的，应当对其进行义务教育。

解除羁押、服刑期满的未成年人的复学、升学、就业不受歧视。

第五十八条　对未成年人犯罪案件，新闻报道、影视节目、公开出版物、网络等不得披露该未成年人的姓名、住所、照片、图像以及可能推断出该未成年人的资料。

第五十九条　对未成年人严重不良行为的矫治与犯罪行为的预防，依照预防未成年人犯罪法的规定执行。

第六章　法律责任

第六十条　违反本法规定，侵害未成年人的合法权益，其他法律、法规已规定行政处罚的，从其规定；造成人身财产损失或者其他损害的，依法承担民事责任；构成犯罪的，依法追究刑事责任。

第六十一条　国家机关及其工作人员不依法履行保护未成年人合法权益的责任，或者侵害未成年人合法权益，或者对提出申诉、控告、检举的人进行打击报复的，由其所在单位或者上级机关责令改正，对直接负责的主管人员和其他直接责任人员依法给予行政处分。

第六十二条　父母或者其他监护人不依法履行监护职责，或者侵害未成年人合法权益的，由其所在单位或者居民委员会、村民委员会予以劝诫、制止；构成违反治安管理行为的，由公安机关依法给予行政处罚。

第六十三条　学校、幼儿园、托儿所侵害未成年人合法权益的，由教育行政部门或者其他有关部门责令改正；情节严重的，对直接负责的主管人员和其他直接责任人员依法给予处分。

学校、幼儿园、托儿所教职员工对未成年人实施体罚、变相体罚或者其他侮辱人格行为的，由其所在单位或者上级机关责令改正；情节严重的，依法给予处分。

第六十四条　制作或者向未成年人出售、出租或者以其他方式传播淫秽、暴力、凶杀、恐怖、赌博等图书、报刊、音像制品、电子出版物以及网络信息等的，由主管部门责令改正，依法给予行政处罚。

第六十五条　生产、销售用于未成年人的食品、药品、玩具、用具和游乐设施不符合国家标准或者行业标准，或者没有在显著位置标明注意事项的，由主管部门责令改正，依法给予行政处罚。

第六十六条　在中小学校园周边设置营业性歌舞娱乐场所、互联网上网服务营业场所等不适宜未成年人活动的场所的，由主管部门予以关闭，依法给予行政处罚。

营业性歌舞娱乐场所、互联网上网服务营业场所等不适宜未成年人活动的场所允许未成年人进入，或者没有在显著位置设置未成年人禁入标志的，由主管部门责令改正，依法给予行政处罚。

第六十七条　向未成年人出售烟酒，或者没有在显著位置设置不向未成年人出售烟酒标志的，由主管部门责令改正，依法给予行政处罚。

第六十八条　非法招用未满十六周岁的未成年人，或者招用已满十六周岁的未成年人从事过重、有毒、有害等危害未成年人身心健康的劳动或者危险作业的，由劳动保障部门责令改正，处以罚款；情节严重的，由工商行政管理部门吊销营业执照。

第六十九条　侵犯未成年人隐私，构成违反治安管理行为的，由公安机关依法给予行政处罚。

第七十条　未成年人救助机构、儿童福利机构及其工作人员不依法履行对未成年人的救助保护职责，或者虐待、歧视未成年人，或者在办理收留抚养工作中牟取利益的，由主管部门责令改正，依法给予行政处分。

第七十一条　胁迫、诱骗、利用未成年人乞讨或者组织未成年人进行有害其身心健康的表演等活动的，由公安机关依法给予行政处罚。

第七章　附则

第七十二条　本法自 2007 年 6 月 1 日起施行。

中华人民共和国预防未成年人犯罪法（摘录）

第十条 未成年人的父母或者其他监护人对未成年人的法制教育负有直接责任。学校在对学生进行预防犯罪教育时，应当将教育计划告知未成年人的父母或者其他监护人，未成年人的父母或者其他监护人应当结合学校的计划，针对具体情况进行教育。

第十一条 少年宫、青少年活动中心等校外活动场所应当把预防未成年人犯罪的教育作为一项重要的工作内容，开展多种形式的宣传教育活动。

第十二条 对于已满十六周岁不满十八周岁准备就业的未成年人，职业教育培训机构、用人单位应当将法律知识和预防犯罪教育纳入职业培训的内容。

第十三条 城市居民委员会、农村村民委员会应当积极开展有针对性的预防未成年人犯罪的法制宣传活动。

第十四条 未成年人的父母或者其他监护人和学校应当教育未成年人不得有下列不良行为：

（一）旷课、夜不归宿；
（二）携带管制刀具；
（三）打架斗殴、辱骂他人；
（四）强行向他人索要财物；
（五）偷窃、故意毁坏财物；
（六）参与赌博或者变相赌博；
（七）观看、收听色情、淫秽的音像制品、读物等；
（八）进入法律、法规规定未成年人不适宜进入的营业性歌舞厅等场所；
（九）其他严重违背社会公德的不良行为。

第十五条 未成年人的父母或者其他监护人和学校应当教育未成年人不得吸烟、酗酒。

任何经营场所不得向未成年人出售烟酒。

第十六条 中小学生旷课的，学校应当及时与其父母或者其他监护人取得联系。

未成年人擅自外出夜不归宿的，其父母或者其他监护人、其所在的寄宿制学校应当及时查找，或者向公安机关请求帮助。收留夜不归宿的未成年人的，应当征得其父母或者其他监护人的同意，或者在二十四小时内及时通知其父母或者其他监护人、所在学校或者及时向公安机关报告。

第十七条 未成年人的父母或者其他监护人和学校发现未成年人组织或者参加实施不良行为的团伙的，应当及时予以制止。发现该团伙有违法犯罪行为的，应当向公安机关报告。

第十八条 未成年人的父母或者其他监护人和学校发现有人教唆、胁迫、引诱未成年人违法犯罪的，应当向公安机关报告。公安机关接到报告后，应当及时依法查处，对未成年人人身安全受到威胁的，应当及时采取有效措施，保护其人身安全。

第十九条 未成年人的父母或者其他监护人，不得让不满十六周岁的未成年人脱离监护单独居住。

第二十条 未成年人的父母或者其他监护人对未成年人不得放任不管，不得迫使其离家出走，放弃监护职责。

未成年人离家出走的，其父母或者其他监护人应当及时查找，或者向公安机关请求帮助。

第二十一条 未成年人的父母离异的，离异双方对子女都有教育的义务，任何一方都不得因离异而不履行教育子女的义务。

第二十二条 继父母、养父母对受其抚养教育的未成年继子女、养子女、应当履行本法规定的父母对未成年子女在预防犯罪方面的职责。

第三十四条 本法所称“严重不良行为”，是指下列严重危害社会，尚不够刑事处罚的违法行为：

（一）纠集他人结伙滋事，扰乱治安；
（二）携带管制刀具，屡教不改；
（三）多次拦截殴打他人或者强行索要他人财物；
（四）传播淫秽的读物或者音像制品等；
（五）进行淫乱或者色情、卖淫活动；
（六）多次偷窃；
（七）参与赌博，屡教不改；
（八）吸食、注射毒品；
（九）其他严重危害社会的行为。

第四十四条 对犯罪的未成年人追究刑事责任，实行教育、感化、挽救方针，坚持教育为主、惩罚为辅的原则。

司法机关办理未成年人犯罪案件，应当保障未成年人行使其诉讼权利，保障未成年人得到法律帮助，并根据未成年人的生理、心理特点和犯罪的情况，有针对性地进行法制教育。

对于被采取刑事强制措施的未成年学生，在人民法院的判决生效以前，不得取消其学籍。

第四十五条 人民法院审判未成年人犯罪的刑事案件，应当由熟悉未成年人身心特点的审判员或者审判员和人民陪审员依法组成少年法庭进行。

对于审判的时候被告人不满十八周岁的刑事案件，不公开审理。

对未成年人犯罪案件，新闻报道、影视节目、公开出版物不得披露该未成年人的姓名、住所、照片及可能推断出该未成年人的资料。

第四十八条 依法免予刑事处罚、判处非监禁刑罚、判处刑罚宣告缓刑、假释或者刑罚执行完毕的未成年人，在复学、升学、就业等方面与其他未成年人享有同等权利，任何单位和个人不得歧视。

第五十六条 教唆、胁迫、引诱未成年人实施本法规定的不良行为、严重不良行为，或者为未成年人实施不良行为、严重不良行为提供条件，构成违反治安管理行为的，由公安机关依法予以治安处罚；构成犯罪的，依法追究刑事责任。